这样做，
迈出养老投资第一步

兴证全球基金理财实验室 → 著

中信出版集团 | 北京

图书在版编目（CIP）数据

这样做，迈出养老投资第一步 / 兴证全球基金理财实验室著 . -- 北京：中信出版社，2023.2
ISBN 978-7-5217-4986-1

Ⅰ.①这… Ⅱ.①兴… Ⅲ.①养老保险基金－投资管理 Ⅳ.① F830.593

中国版本图书馆 CIP 数据核字 (2022) 第 220274 号

这样做，迈出养老投资第一步
著者： 兴证全球基金理财实验室
出版发行：中信出版集团股份有限公司
（北京市朝阳区东三环北路 27 号嘉铭中心　邮编　100020）
承印者： 北京诚信伟业印刷有限公司

开本：780mm×1092mm 1/16　　印张：10　　字数：90 千字
版次：2023 年 2 月第 1 版　　　　　　印次：2023 年 2 月第 1 次印刷
书号：ISBN 978-7-5217-4986-1
定价：59.00 元

版权所有·侵权必究
如有印刷、装订问题，本公司负责调换。
服务热线：400-600-8099
投稿邮箱：author@citicpub.com

序言

兴证全球基金董事长　杨华辉

全球正在快速步入老龄化社会。英国科学作家苏·阿姆斯特朗（Sue Armstrong）在《借来的时光》一书中称，世界人口老龄化已经像气候变化一样，成为21世纪人类面临的最大挑战之一。它对社会的各个方面都产生了影响，从如何管理我们的经济、如何提供商品和服务满足每个人的需求，到我们的工作生活、代际关系乃至家庭琐事等，概莫能外。然而我们也发现，对于这一话题，公众的认知可能尚不充分，养老领域的知识普及和投资领域的服务还远远不够。

写下这篇序言正值2022年岁末，人力资源社会保障部、财政部、国家税务总局、银保监会、证监会正式出台《个人养老金实施办法》，开启了个人养老金投资管理新篇章。越来越多的人开始关注养老，从健康、财务等多个维度进行积极筹备。这本《这样做，迈出养老投资第一步》创作的初衷，正是希望能够唤起普通投资者对于百岁人生的思考，倡导个人及早启动养老规划，进而帮助大家为了迎接未来的幸福人生，迈出养老投资第一步。

作为公募资产管理机构，我们相信，养老投资对于广大个人投资者是一项非常重要的财务安排，是贯穿生命周期的长期投资，更是关乎千家万户晚年生活幸福的家庭财富规划。一方面，养老投资天然具有长期属性——个人养老金账户资金一经存入，除特殊情况外，将在达到领取基本养老金年龄后方可取出。其主要受众并不仅是老年人，而是在职场打拼的年轻人，投资周期可能长达10年、20年，甚至40年。对于家庭观念深厚的中国人来说，养老不仅是一个人的事，更是一家人的事。养老投资，是立足当下，为自己以及家人的退休生活做出长远规划。另一方面，如何在长周期内做好专业投资和陪伴，帮助投资者正确认知并选择适合自身的投资品种，让普通投资者有机会真正体会到长期投资的魅力、专业投资服务的价值，将是金融行业需要持续思考和践行的课题，也将深远改变行业的格局。这也要求资产管理机构真正担负起沉甸甸的资管责任，切实做好与家庭风险收益偏好相匹配的财富配置与投资规划，在稳健运作的同时，尽力规避投资中的风险，提升养老投资的获得感，真正承载起养老资产背后的万家灯火。

兴证全球基金将责任视为公司最重要的企业文化和价值观。

这一责任，首先就是要以持有人利益为先，珍视持有人托付，为客户创造价值。公司曾经多次在市场转折时点，以专业研判公开向市场提示机遇与风险，期待与广大投资者实现更长久的共赢。成立19年来，我们始终聚焦于提升专业投资管理能力，致力于实现公司投资业绩的"长而美"。凭借良好的综合实力和优秀的长期业绩，公司累计捧回12座金牛基金公司大奖，在公募基金行业里名列前茅。我们有信心，在中长期为客户创造良好的收益回报。

兴证全球基金对于养老投资业务一直怀有心愿，希望以专业能力为中国的养老投资贡献价值。自2016年起，我们就在业内率先布局养老投资业务相关部门，并匹配了实力雄厚的资源和团队。2019年1月，兴证全球基金第一只养老目标基金——兴全安泰平衡养老目标三年持有期混合型基金中基金（FOF）发行成立。截至2022年年末，兴证全球基金旗下养老目标基金产品线持有人户数为26万[①]，形成了平衡、稳健、积极三条不同风格的完整养老产品线，以匹配不同风险偏好的持有人需求。截至2022年年末，4只完成建仓并在平稳运作中的养老目标基金也均顺利获准增设个人养老金专属Y份额，并上线各大银行、券商和独立基金销售机构等销售平台，开启公众个人养老理财需求的服务之路。未来兴证全球基金将继续秉持责任与长期的文化基因，全力以赴为持有人做好投资管理，也希望通过我们身体力行

---

① 资料来源：兴证全球基金旗下养老目标基金2022年中报及兴证全球安悦平衡养老目标FOF成立公告。

的倡导，真正推动广大投资者认知与行动的改变。

本书汇编整理了我们过往对于养老投资的研究，包括长线财务规划知识、成熟市场养老投资经验、养老政策解读、团队研究成果分享等。为了帮助读者真切地感受到养老投资的经验，我们还特别邀请了5位年龄覆盖20~50岁的养老投资者，分享他们的真实故事、行动和思考。全书以他们的案例和测算贯穿始终，旨在为阅读中的你带来更直观的启发。

在投资行业，我们常说长期投资。长期不仅是指持有期的"长期"，更指立足当前时点能考虑到事物更"长期"维度的变化因素，进而提前做出判断和行动。我们的养老筹备也正需如此。希望此书能为大家勾勒出一个更为清晰的未来画像，助力大家做到规划有术、有备而老。

最后，祝各位都能拥有精彩而优雅的百岁人生。

前言

事情越大　越早规划

向一百岁的自己问好
是否还能光彩依旧、兴致盎然

好爱这个世界
每一天都是生命中最年轻的一天
一百岁，在沙滩上晒太阳
身边一定还是那个人
我开始怀疑，这个世界上可能只有我没过期
为生而活，活有所值

这是崭新的开始

让我们屏住呼吸

静待百岁人生来临

不用急,一切都为时不晚

让世界来到你面前

百岁旅途,慢慢走,欣赏啊

2022年11月《个人养老金实施办法》落地之际,兴证全球基金理财实验室举办了一场主题为"投资·百岁人生"的养老投资科普论坛,来自国内外的知名学者、投资机构专家的跨领域精彩分享打开了大家的认知窗口。活动落幕后,筹备组的我们突发奇想,每个人也为自己未来的"百岁人生"写下了一句祝福,拼成了开头的这首诗,送给我们自己,也送给正在翻阅此书的你。

作为养老投资工作的参与者、养老行业的学习者、养老规划的倡导者,我们希望身体力行地帮助更多投资者去了解"养老"这一话题,并提供我们专业之内的解决方案。自2016年公司开始筹备养老投资相关部门起,我们持续研究养老问题涉及的方方面面,其间还翻译出版了两部关于FOF(Fund of Funds,基金中的基金,是海外主流的养老目标投资基金运作形式)及养老投资的图书——《养老金投资组合》和《对冲基金分析》。

一路走来,深度参与养老投资者服务的我们有一个体会:我们清晰地认识到伴随着长寿幸福而来的严峻挑战,对养老的问题变得更焦虑了。甚至身边不少刚入职的95后新同事,都早早为自己40年后的退休生活开始认真做规划,坚持每月的基金定投。

因此，在个人养老金账户正式落地之际，我们将过往的研究和文稿汇编成册，整理成这一本《这样做，迈出养老投资第一步》，希望可以与你一起认真分享我们对养老投资的思考和规划。

我们由衷希望，书中的内容不仅关于养老投资，更能够传递一份理念，引发一点思考。

本书主要分为如下三个部分。

百岁人生，今日已来

在这部分中，我们会重点为大家介绍世界人口老龄化趋势给社会、经济以及个体带来的新挑战。

原本"教育－工作－退休"的三阶段人生，需要在更长的人生中以更灵活的方式积累财富、学识、情感等有形与无形资产。"老后破产"的邻国日本、席卷全球的"养老金革命"、美国斯图特贝克等历史事件，既是对我们的提醒和警示，也是给我们的借鉴和启示。而解决问题的关键，不仅在于个人养老金相关制度的完善，还在于公众个人养老意识的不断提升。

规划，从今日开始

我们将开始逐渐聚焦话题——讨论每个人的养老金准备问题。

1994年，世界银行首次提出养老金制度三支柱模型，建议由政府、企业、个人三方共同承担养老责任。在美国，个人养老金储蓄50年前从零起步，如今占所有退休金资产的35%以上。我国目前已经建立起三支柱的养老金发展体系，但目前第一支柱承担较大比例。除了个人储蓄，大部分居民的养老金主要来源为公共养老金部分。在书中，我们会提供简单的公式，以及更为便捷的工具，帮大家测算退休后可以领取多少养老金、若想从容退休要准备多少钱，为你定制专属的养老投资和资产配置方案。

我们也会与你一同解读最新的个人养老金制度，帮助你更好地做准备。

养老投资新势力

我们会重点介绍公募基金在个人养老投资中的角色和使命。因为有门槛低、运作透明、专业成熟等优势，公募基金是普通投资者优选的专业投资工具之一。证监会发布的《个人养老金投资公开募集证券投资基金业务管理暂行规定》中约定，第一批养老目标基金，以收益/风险性价比更高，也更适合普通投资者的FOF形式来运作。

2018年，养老目标FOF全新登场。FOF产品有什么优势？第一批养老目标FOF的运作情况如何？目标风险与目标日期这两类品种，普通投资者又该如何选择？选择好产品后，如何制订你的定投计划？我们也将在书中用数据与案例一一解答，帮助你开启养老投资之旅！

2019年1月，我们发起了主题为"十年之约"的客户活动，与投资者约定携手开启一场长情的养老投资之旅，记录我们这一路的故事和成长。在这个过程中，我们认识了诸多已经开启长期投资规划的投资者。感谢接受我们的邀请，在本书中化名分享真实人生故事的五位投资者。感谢北京大学经济学院风险管理与保险学系副系主任陈凯副教授，复旦大学管理学院金融与财务学系副系主任朱祁副教授、高层管理教育中心执行主任高建辉对本书的专业支持。也感谢过去几年中为兴证全球基金养老投资专栏贡献力量的每一位作者，包括白敬璇、邓徽、蒋寒尽、李婧、李小天、林国怀、陆申旸、任悦通、文倩玉、徐灿[①]等对本书编撰做出的贡献。

事情越大，越早规划。希望正在翻阅此书的你，及早迈出养老投资第一步。

---

① 参与撰写人员排名不分先后，以姓氏拼音排序。

目录

第一章
养老，关乎你我每一位

003— 百岁人生已来，你准备好了吗？

004— 从 20+ 到 50+，你将面临怎样的养老问题？

018— 活到 100 岁，盘活多种人生资产

026— 邻国日本的老后破产现象：他山之石，往后 30 年我们最该担心的事

034— 养老问题不只关乎你，它也是经济的安抚器和稳定器

第二章
就是现在，构建向往的退休生活

049— 未来的养老金从哪儿来？

055— 想要从容退休，要准备多少钱？

060— 养儿防老？以房养老？国家养老？

062— 以"个人养老金账户"作为支点，积累"后半生"资产

069— 养老金投资如何做资产配置？不如向社保基金学习

087— 简单实操，定制一份养老理财规划

第三章
养老目标FOF，养老金投资界的新势力

107— 基金难养老？快走出你的认知误区

113— 养老目标FOF，养老投资优选

119— 第一批养老目标FOF运作如何？哪些更适合你呢？

127— 选择好产品，用定投的方法开始投资

133— 后记

第一章

养老，
关乎你我每一位

在我们中国人的家庭中，父母不想连累子女，而子女愿意孝顺父母，可往往很多时候，人们都是身不由己。种一棵树最好的时间是10年前，其次是现在，与其后悔和哀叹错过了投资理财，不如从现在开始！

时间是最好的朋友，10年后，希望父母能来到我们身边，乐哈哈地一起生活。

——@许女士

元旦我母亲突然告诉我，我父亲66岁了，晚上我失眠了，这些年把精力都放在自己和孩子身上，忽略了父母，我还能陪伴父母20年吗？

想起过往的岁月，感觉自己是个不孝子，不禁泪流满面。新的一年，"探望父母"第一次被写在我的记事本上。希望父母能长命百岁，让我陪他们一起变老。

——@Hawaii

百岁人生已来,你准备好了吗?

日本生物学家本川达雄教授在《科学》杂志上发表文章,对动物的寿命做了以下阐述:无论大象、老鼠,还是人类,动物寿命取决于心脏跳动的固定次数——15亿次,寿命不同取决于心脏跳动的频次。按此理论,人类的自然发展寿命仅为42岁。而如今,受益于社会发展与医疗技术的进步,2021年世界卫生组织发布统计报告称,中国的人口平均寿命已经突破77岁,接近自然寿命的两倍,继续向生物学极限逼近。

在近200年里,人类的寿命一直在持续上升,几乎每十年就会增加两岁以上。中华人民共和国成立初期,中国人的平均寿命不到40岁,70年后中国的人均寿命已近翻倍。《2019年世界人口数据展望报告》预测,到2050年,全球65岁以上的人口数量可能会达到5岁以下儿童数量的两倍多,而且这个比例还会继续上涨。美国加州人学伯克利分校与德国马克斯·普朗克研究所人类研究中心的研究也预测,现在出生的孩子有50%以上的概率可以活到 105 岁。

百岁人生，悄然已来。毫无疑问的是，世界人口老龄化趋势也会给社会、经济以及个体带来新挑战。

加长版的人生是怎样的体验？25 岁开始工作的你 60 岁退休后，面对比工龄更长的退休生活，你的养老金是否也有 40 年的超长续航？或许，你会在 70 岁时重新开始投简历、找工作？又或许，你会在退休后重新开始学习？老年时代的你是否会困扰于每况愈下的体能？又是否会维持一份令你身心愉悦的社会关系？长命百岁是长久以来最美好的祝福，但长寿的馈赠也带来了更多前所未有的机遇和挑战，一份体面、舒适且长久的幸福，需要长久的规划和悉心的经营。

从 20+ 到 50+，你将面临怎样的养老问题？

在养老投资工作中，我们认识了很多已经开始投资，或者正在思考和准备养老问题的朋友。其中，我们有幸认识了"20+"~"50+"的许戈、如风、若然、冯寒、吉木 5 位朋友。因为他们的工作和经历，使他们不但思考过自己的养老储蓄问题，也各自开始了养老投资。

20+："我是一家养老院的后勤管家，3年前就买了养老基金。"

28岁的许戈，入职一家民营养老机构3年，现在任该养老院办公室主任，管理着一个8人的团队。

他所在的养老院大概有200位入住老人，在所属区里规模能排到第二。许戈工作时间比较规律，朝九晚五，但白天的工作强度在他看来并不算低。从上级部门对接到财务、食堂、保安、保洁等一应后勤保障，都归属在许戈的部门，一件一件办下来，要不出失误和疏漏，需要时刻打起精神。

许戈对投资有很强的兴趣，倒不是过分在意收益，而是觉得挺有趣的，希望把它当成一个爱好。但白天的紧张工作没有给他盯盘炒股的时间，所以基金成了他主要的投资选择。在投资基金之外，下班之后，他还会通过看书来学习投资知识，最近读的一本书是知名投资人张磊所著的《价值》。

在养老院，看到每个家庭的不容易

据许戈介绍，他所在的养老院定位属于中低端，每月的费用为3 000~6 000元。他们当地普通退休人员的退休金一般为3 000~4 000元，家里再补贴一些，基本就能承担这个费用。

大部分入住老人年龄都在60岁以上，且以不能自理的老人为多，占比超过七成。"目前中国养老机构的普遍特点是，大部分入住老人还是以不能自理为主，"许戈解释道，"因为社会主流观念还是不愿意把老人送到养老院,除非因为老人生病、子女工作等家里实在照顾不了,才会送到我们这里来。"

在导致老人不能自理的原因里,脑梗卧床的情况是最多的,而是否能得到家属的照料,每个人的情况却不一样。"有的家属是确实没有办法,也特别有爱心,给送东西,平常会来看,但有的家属只是把老人放到养老院,也不怎么来看。"许戈说。

许戈也看到了每个家庭的不易。"除了身体疾病,也有出车祸的,实际上大家都挺不容易的,每个人都有自己的苦衷。"

没有特意准备,为未来做的每一份投资和积累,都是养老投资

虽然身处养老院,但还很年轻的许戈,还没有开始特意为养老做准备,在他看来,为未来做的每一份投资和积累,其实都是养老投资。

说来意外,许戈一开始接触基金,是因为朋友介绍。

"那正好是一只养老目标基金,朋友介绍买了之后就涨了不少,感觉不错,才进一步去了解基金。"许戈回忆道,"我记得还买过理财书,系统地学习了什么是基金和基金投资。"

在许戈看来,整个投资历程中,用户体验最重要。"我的感受是,因为我一开始买的基金产品算是在市场低点购买的,当然它也跌过,但不是买了之后一路往下跌,我选择的平衡型产品也相对平稳,不是暴涨暴跌类型。这样经过了一段时间的持有,我慢慢感觉到了低是什么感觉,高是什么感觉。"

许戈也经历过低谷,比如 2020 年、2022 年市场都出现了大幅的回调,"这个过程中我在投,也在亏,但从中也学到了很多东西,比如早知道那会儿点位低的时候再多买点儿就好了。"

闲钱投资、保持钝感,是许戈的投资状态。目前基金投资在他的投资中占比为20%~30%,大部分资产仍然是放在现金类产品上。

因为兴趣,许戈会保持对市场的关注度,但操作频率不高。"我可能中午会看看上午的盘(股市)怎么样,下午两点半之前再看看什么情况,涨了就挺高兴的,而如果跌幅比较大了,就会买一些基金。"对于重仓的基金,他也会利用下班时间做一些研究和对比,包括基金的历史情况、持仓情况、季报等。

"我看了很多书,包括巴菲特的书,都提到有15%的收益已经很难了。"关于投资收益,许戈分享的心得是,"千万不要对投资抱有很高的预期,每天思考钱放在那里没有涨到你的预期会很焦虑,降低预期才能减少焦虑。"

30+:"我一直有隐忧,我们这一代人到老了养老金可能不够花。"

"作为一名职场女性,工作中有许多需要处理和解决的难题,但作为部门负责人,我随时都是元气满满的状态,也以此鼓励着部门的同事们。"

乐观、健谈、充满责任感,是30+的如风留给我们的第一印象。38岁的如风女士，现任某环保国企法务部部长。

在成都的如风，有着蜀地人鲜明的乐观和豁达。虽然时刻都需要保持元气满满，但是生活的压力仍然是具体而明确的，"现在国企的压力很大，加班也不少。最近看到有些互联网公司在裁员，还是会有一点担忧，过了35岁，如果遇到裁员，要重新去找工作，真的是非常具体的问题。其实我一直在想，我是不是要开展一项副业才行？思考了很久，好像也没有找到合适的方向。"

工作之外，如风的重心更多是在家庭，"现在要陪小朋友，要辅导作业什么的，有时候周末又要陪他去做喜欢的事情，能够让自己支配的时间没有那么多。虽然说很想悠闲一点，想多做一点事情，但是好像没有那么自由，面对的更多是一些非常具体的生活现状。"

过好今天很重要，但有余力，尽量多存一点，多投资一点

谈到理想的退休生活，如风希望能够更自由地去做自己热爱的事情："希望退休之后，能够开一个花店、咖啡店之类的，住在离城市不近不远的地方，每天能做点自己的事。这两年我也有意识地开始为自己培养一个技能，这个技能退休之后也可以用到。不管工作能赚多少钱，我都喜欢工作，因为工作的时候，人是比较有活力的，尤其是做自己比较喜欢的工作的时候。"

对于未来，如风很早就有了一套自己的规划，她很重视在身体和精神上的积累。"我现在第一目标还是要锻炼好身体，保护好身体，只有身体健康才能让人高质量地享受退休生活。同时有空我也会陶冶一下身心，背背诗词。我们家还有乐器，有时间就练一会儿。我希望自己到了那种成熟一点的年龄后，谈吐会很优雅，给人如沐春风的感觉，所以想要在精神上提升一下，让自己变得更睿智一些。"

如风在几年前就已经意识到了养老投资的重要性："我一直觉得我老了养老金可能不够花。虽然谁都知道明天是未知的，把今天过好很重要，但要是有余力，能够去多存一点钱也还是好的，多存一点，多投资一点。"

"到时候想睡到几点起就睡到几点起，想什么时候打理一下自己的小事业就什么时候去。不用像现在这样要早起床去上班。口袋里还有闲钱，不用担心不上班就没有钱可以花。要是有充足的退休金可以花到去世那一天就好了。"

40+："第一次认真考虑养老问题是 40 岁，彻夜难眠。"

爱思考、执行力强、雷厉风行、亲切，相识 6 年，这些一直是 42 岁的互联网广告人若然给我们留下的印象。

若然的职业，很像影视作品中的职业。经济学专业毕业的她，目前从事了广告和互联网技术方面的工作，在上海某家 4A 公司担任高管，带领 80~95 后的 30 人团队朝十晚九，为化妆品等快消品类公司制订推广方案。

工作之外，若然目前单身独居。周末会看看《万能钥匙》《孤儿怨》等恐怖片，也会烧顿好饭喝顿好酒犒劳自己缓解一下焦虑。但深夜时，她也会陷入刷职场类 App（手机应用程序）和知识类视频的焦虑中。

"我现在的状态是有点想躺平，这跟我以前的状态不一样了。今天朋友批评我，他说我总是想太多，其实没有意义，不如把手头的事情做好，该做饭就做一顿好吃的饭，该上班就上好班，该见客户就把这个客户见好，该跟朋友喝酒就把酒喝好。我觉得这可能是对的，就是你做好手头的这些事情就可以了，很多事情我们也改变不了，想这些除了睡不着觉也没有啥用。"

最好的投资，是拥有更多的时间，而不是赚很多钱

认知的转变发生在 2020 年年初新冠肺炎疫情开始蔓延期间。"那时候在家，听了一些财经类的课程。"在了解了基金的运作模式后，若然总结了自己理解的逻辑——基金靠的是平台，而平台的能力是综合的；她也在 App 上比较了过往 5 年基金和房产的回报——时间带来的收益。因此，她果断做出了投资基金的决定。投资的方式也很简单，选了两只还算不错的产品，在几个月内每周通过定投的形式申购了较大的金额后，就把账户彻底"静止"了，持有至今已第三年。

"课程的内容帮我建立了一些投资和消费理念，投资后你也会有一些思考和规划。这会改变你，我觉得这很重要。我去过好多次基金公司，基金从业人员都不是很高调，穿着朴素，开着实惠的新能源车。这对我也有影响，有规划后我花钱没有那么随意了，我觉得这是个很大的进步。我现在只买几百元的包，不买名牌包了，是不是很厉害？"

"投资基金 3 年，我觉得最重要的是提升认知，只有你自己才能知道你要什么，才能过你自己想要的日子。如果我现在还有余钱的话，应该还是会投资基金，这并不是说基金有多好，主要是因为我对别的投资不在行。而最好的投资，应该是让你拥有更多的时间。"

年纪越大越不想立目标，不过想在苏州买套房养老

谈起个人的养老规划问题，若然认为自己的规划与准备会比身边人更晚些，一想起这点，又是一个难眠夜。"第一次认真考虑养老问题是 40 岁左右，因为我没有小孩，我身边有小孩的朋友可能想的更早一点。"

"我很反对每年不停地定目标，年纪越大越不想定了，踏踏实实稳稳当当地往前走，我觉得就挺好的。关于养老投资这个问题，我不是完全没想过，而是没有认真思考过。我开始投资基金时，就慢慢考虑养老规划这个事情了，当你比较认真地去思考这个问题的时候，会发现它其实绝对不是一个方面。"

和很多还身处办公楼的职场人一样，对于未来要领取的养老金，若然并不了解。不过，对于未来，若然还是有自己理想中的养老方式和简单规划的。"养老是一种状态，事关你决定要过什么样的生活，你要去哪里生活。如果说特别大的想法，我打算在苏州买套房子,我很喜欢苏州,觉得那是一个很适合生活的地方,邻近有很多公园。我目前想的是这样子,上海的房子租出去,还有退休金,基本生活是够用的。只要不追求奢侈,往上也真没有什么上限。"

50+:"老这件事情,最让人担心的是疾病。"

经过多年的奋斗,52岁的冯寒先生现在的生活过得很令人羡慕:在一家建筑公司任副总工程师,离退休还有不到10年,工作并不算忙碌,儿子也在前年顺利考上了北京的大学。闲暇时间,看看书就是他最大的爱好,一年会有两次家庭旅行。

当然,他也有一些烦恼。最近地产行业整体不太景气,他所处的建筑行业也受到了很大影响,预计年收入也不太如意。他想,或许未来有更合适的机会,因此他也在留心,现在能否在工作上向上下游做一些延展和迁移,自己这么多年积累的经验、能力,在新的领域或行业应该也能发挥作用。

"当然不是说要很辛苦地做这个事情,目前生活已经有一定的保障。"冯寒说,"但一方面从心理上希望自己还是有用的,另一方面也不想坐吃山空了。"

退休后,如果能为治沙做一点工作会是莫大的荣幸

随着年龄的增长,离退休也还有10年左右的时间,冯寒也会偶尔想想退休后的生活。

"老这件事情最让人担心的是疾病,比如阿尔茨海默病、失能,所以第一是保持身体健康。如果有可能也希望延续相对轻松的顾问工作,再发展些自己的爱好。"冯寒说,"以后和家人一起多旅游,看看世界。"

在冯寒规划的未来里,也有一个特别的方向。2018 年,他去库布齐沙漠参与了一次植树活动,目睹了环境的恶劣及植树的艰辛。

"这项工作和我所学的专业还有点相关,直到现在,我在关注一些科技新闻时,还会下意识想能否把专业知识运用到沙漠植树中,如果有机会能用到自己工作多年积累的一点经验,能为治沙做一点工作会是莫大的荣幸。"冯寒说,"植树固沙确实是功在当代利在千秋的事。"

退休后的经济账,冯寒算了算,基础生活费按现在的物价应该有 3 000 元基本够了,旅游按一年一次长途、两次短途,估计要 2 万元。其他开销不能确定,或许也需要帮衬孩子。

提到投资方面的准备时,"从 2004 年开始,做了快 20 年的基民了,不能说专业,起码也是很了解,未来的投资肯定还是通过基金来完成。"冯寒说,"要说唯一的问题呢,就是在投资比例上,不知道自己最佳的平衡点在哪里。举一个例子,债券基金和股票基金是三七、四六,还是对半,这个摸得不是很准,未来随着年龄的变化可能还会有一些调整。"

40+："我希望什么事情都能做好多手准备。"

很多时候，生活并非一条直线，但当生活变得井井有条时，也自然会平顺很多。40岁的吉木是养老相关金融从业人员，已经坚持规律生活15年。"一般我早上醒得比较早，起来之后会看一下前一天晚上发生的新闻，比如海外市场以及政策方面的一些信息。上班的第一件事情是要更新我自己的模板，更新每个账户的持仓情况、结构情况，这是我从做投资以来每天都必须做的一件事情。之后参加晨会，开盘后会看盘、调研、路演。中午一般会睡一会儿。下午收盘之后各种各样的调研和路演会多一些。到下午四点半开一个部门例会，开完例会后就差不多到下班时间了。我一般每周会花2~3天时间去健身，健身的话八点多到家，孩子写完作业我陪他们玩一会儿。回家早的话，孩子也会早点写完作业，陪他们踢踢球、打打乒乓球，或者跑跑步什么的。每天晚上11点睡觉，时间很固定。"

充足的规划和准备也体现在吉木的工作中，他说："这样做如果遇到任何突发情况，都会更加从容一些。例如，出去路演一般我会做两套方案，也会同时存储在U盘和云盘里。"

这肯定不是一大步，但是每次走一小步，会让客户的持有体验更好

从2007年毕业开始从事投资研究工作，到今年已有15年，吉木尤其相信"滴水穿石"的力量："我希望这些东西是不断积累的，比如我们自己开发的各种各样的研究平台，还有基金经理

调研纪要。做出来这个东西并不难，但是要不断去完善它、填充它，今年调研 500 个，明年调研 500 个，不断往里面增加东西的话，这个平台随着时间的推移会做得非常具有壁垒和竞争力。"

"投资也是这样，每一年我都希望我的投资组合能够实现收益率比基准略高，波动回撤则要低。一年做到这一点并不难，但是每半年或者每个季度都要实现这一点的话是很难的。我希望把这个事情不断坚持下去，一直按照这种方式来做，客户买了这个产品持有体验也会更好。这肯定不是一大步，但是每次走一小步，会让客户的持有体验更好，也能挣到钱。这是在工作方面我想做的事情。"

除了投资工作，吉木对生活的很多领域都有着兴趣："我现在会逐渐给自己培养一些随着年纪增加对未来有帮助的爱好，比如我现在会利用一些工作之外的时间去学一些关于健身、营养学、心理学等方面的知识。"

友情、爱情、亲情其实都是一种储蓄

吉木对于生活的规划，不仅限于现在，也不止于未来十年。对于养老生活，吉木也从更专业的角度进行了研究："我看了未来的人口结构，看了未来老龄化的趋势，包括现代社会的一些演变。我们这代不像以前，年纪大了以后，子孙都在身边，以后可能会不一样，孩子有自己的生活，有可能在别的城市或者别的国家，还是需要自己为未来做比较多的规划。不能假设什么，我不太信这个，我信的是不管遇到什么情况我要能够尽可能应付得了，这是我的性格。"

关于理想的退休生活，吉木坦言爱好、家庭与朋友、财富这三点十分重要。"对于未来，特别是现在到退休以后，第一是希望有自己的爱好，我觉得有爱好非常重要，这种爱好能够贯穿生活的每一天，可以每天重复做，对于身体没有什么负面的影响，如果有正面影响是最好了，比如爱看书。"

"第二，得有一些朋友，友情、爱情、亲情其实都是一种储蓄，在你年轻时，在彼此都不是那么非你不可的情况下，互相之间还能够成为非常好的朋友，这是难得的。等自己老了以后，年轻时积累的一些感情应该是更合适、更持久的。第三，在金钱上不能过于捉襟见肘，我特别不喜欢因为钱去吵架，至少自己的生活，自己的一些正常爱好的满足，都是不用太为钱去操心的，这是我想要的一个状态。"

除了生活的井然有序，吉木的养老准备也都在计划内平稳运行。"我现在每个月定投 5 年期进取型养老产品，要让投资的时间足够长。如果买没有持有期的产品，有什么需要就会把钱取出来了，但是买 5 年持有期的养老产品，一般情况下也不会取出来，这是最主要的一个规划。"

"我现在 40 岁了，对于自己的身体各方面状况要更加在意，包括运动和饮食方面都要相应注意，这也是为养老做相应的准备。另外，因为我父母今年 60 多了，也得为他们多做一些考虑，包括尽我所能帮他们更加自由一点地去选择自己的生活，比如说想去哪里旅游，想换个城市生活，或者想怎么样，我觉得其实都应该多尊重他们。平时他们也不需要我们什么支持，但是我觉得至少在心理上的支持很重要。当然也是在这个过程中，我大概知道了自己未来养老应该怎么做。"

"我是一个会把未来有些场景想得比较多的人，我希望我和我的家庭无论是在生活中还是工作中，对遇到的绝大部分情况都能够从容应对，这是我最喜欢的状态。"

不同的年龄段，不同的关注和担忧

5 位受访者真诚和耐心的分享，不仅展示了处于不同年龄段的他们各自对于养老问题的关注和担忧角度，也有他们每个人的思考和具体行动。

令人意外的是，20+ 群体虽然与"老"仍有较为遥远的时间距离，但由于工作压力或者话题讨论等原因，他们中的一些人早已开始关注自己的养老问题，或是畅想退休后的自在生活，或是盘算着如何攒钱和投资。

随着年龄的增长、生活阅历的增加，30+ 群体关注的养老问题会更加具体。他们会关心自己理想中的养老生活方式——在哪儿养老？如何养老？如何生活？对于养老储备，他们有着更强的探究心，也有更具体的行动力——如何做养老投资规划？选择怎样的产品？怎样投资？从哪儿了解这类金融知识？

若然和吉木代表的 40+ 群体，是对养老问题规划和行动最充足的群体。一方面，40+ 群体更充分地意识到了这些话题背后折射出的社会、民生、经济问题；另一方面，他们中的许多人尚未完成充分的养老准备，对于养老话题也是较为焦虑的群体。而且，40+ 群体的规划中不仅有自己，也包含了孩子、父母、朋友，而且开始储蓄的不光有资金，还有健康、情感、生活习惯等方方面面。他们很清楚理想中的退休生活需要筹备的具体金额是多少，也都在为之继续努力。

相较而言，我们所采访的临近退休的 50+ 群体则较为笃定。这或许是因为他们对于退休后的家庭生活、养老金储备有比较传统的观念，在目前的环境下也做好了相应的准备。同时，他们也开始关注退休后更具体的生活方式和收支明细。

值得一提的是，我们的受访对象在谈起未来理想生活时，也开始关注环境、社会、文化等更加宏观和长远的话题，他们关心的不仅是自己，更是下一代以及人类命运共同体。这让人想起《森林、冰河与鲸》一书中星野道夫记录的一位美国原住民长老的话："别老想着自己和自己这代人。多想想下一代，想想我们的孙辈，想想那些尚未诞生，将从地下探出头来的新生命。"

活到 100 岁，盘活多种人生资产

在所有塑造我们生活面貌的维度里，时间应该是最重要的一个。

投资也是一样。18 年的时间，谷歌的投资者可以见证公司市值从 230 亿美元增长到 1.79 万亿美元带来的 77 倍回报[①]，但如果投资周期只以天计算，10% 上下的涨跌已经足够让人觉得惊险刺激了。

所以，设想一下，如果时间尺度被推到 100 岁，甚至 120 岁，我们的人生会发生什么变化？生活是会更忙碌，还是变得从容一点？情感、工作、家庭、教育，这一切又将如何被重塑？伦敦商学院的人力资源专家琳达·格拉顿（Lynda Gratton）和经济学教授安德鲁·斯科特（Andrew Scott）在《百岁人生》这本书中，为我们打开了一个全新的视角。

关于人类寿命的极简历史

或许现在百岁老人还是少见的，但《百岁人生》一书告诉我们，对于今天的小孩来说，活到 100 岁会变成一件平常的事。

回溯历史，预期寿命的提高经历了两次革命：第一次是儿童和婴儿死亡率的大幅降低；第二次是中老年慢性疾病的改善，如心血管疾病和癌症。接下来的第三次很大概率会来自老年疾病问题的解决。

从数据呈现的规律看，自 1840 年起，人类的预期寿命每 10

---

① 资料来源：万得资讯，截至 2022 年 2 月 28 日。

年就会增长 2~3 年，也就是说，我们跟父辈之间的预期寿命可能相差 5~7 岁，跟祖辈之间则会达到 10~15 岁。

不仅如此，我们也可能会更健康地老去。由于预防医学、养生保健和教育的力量，我们的"病态年限"正在缩短。研究数据发现，65 岁以上的残疾人比例在长期持续下降，在 1984—2004 年的 20 年间，95 岁以上的残障人士比例就从 52% 下降到了 31%。

所以，"身体健康，长命百岁"可能不再只是一句美好的祝愿，而是我们正在迎接的现实。

"三阶段人生"失效

不过，长寿可能会带来一些麻烦。

"教育－工作－退休"，这样的三阶段人生是我们目前大多数人的状态，但用这个老办法面对百岁人生可能会行不通。

首先是财务困境。在《百岁人生》一书中，作者做了一个简单测算，如果活到 100 岁，将每月大约 10% 的收入存起来，并希望退休后拿到最终薪水的一半（养老金替代率为 50%），最早的退休年龄会是 80 多岁。其中隐含的两个关键假设是投资回报率高于通货膨胀率 3%，且收入增长率高于通货膨胀率 4%。

如果不想接受多工作十几年，则要么选择降低养老金替代率（意味着牺牲退休生活质量），要么需要在年轻时再增大储蓄率。

但是 50% 的养老金替代率已经不算高，而每月存下 10% 的收入，在支出压力越来越大的现在，也是个不低的要求。

图 1.1 展示了在 100 岁的寿命预期下，储蓄率、退休年龄和养老金替代率之间的关系。从中可以看到，如果仍要选择 60 岁退休（最上方实线），又希望退休后拿到最终薪水的一半（养老金替代率为 50%），那储蓄率要达到 30% 之高。同时，如果在 65 岁退休（第二条点虚线），保持退休后养老金替代率为 50% 的目标不变，因为退休时间更晚储蓄时间更长，所以储蓄率可以只要 25%。

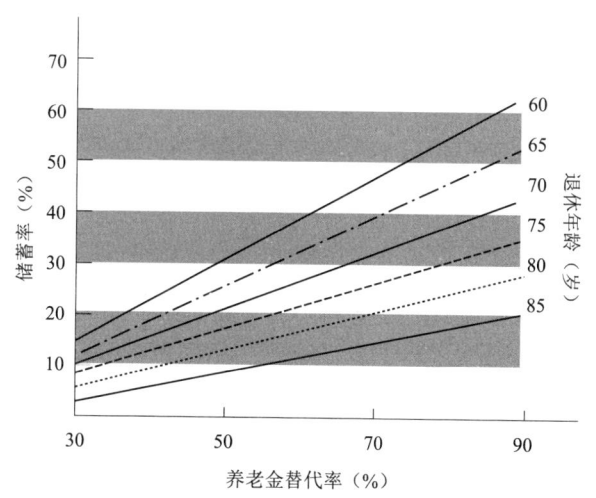

图 1.1 储蓄率、退休年龄和养老金替代率之间的关系（寿命 100 岁）

资料来源：琳达·格拉顿，安德鲁·斯科特. 百岁人生 [M]. 北京：中信出版社，2018.

其次是就业形势的更剧烈变化。如果一个人的工作时间拉长到 60 年甚至更长，他面临的职业挑战将会大大增加。旧的职业在不断消失，企业的优胜劣汰也在加速。1910年，美国1/3的劳动力是农民，现在他们的占比只有1%；20世纪20年代，标普500公司的平均寿命是67年，到2013年就已经减少到了15年。即便我们接受工作到80多岁的命运，我们的健康、活力、学习能力等，是否能支持我们适应更长维度的世界变化呢？

新解法：为了100岁，盘活人生资产

那我们该怎么办？可能需要新的活法！

事实上，因为寿命延长，人们一直在适应人生阶段的变化。在人类历史的大多数时候，人生都只有两个阶段——儿童阶段和成人阶段。随着时间推移，儿童阶段延长。进入20世纪，随着经济和产业的新发展，我们才出现了两个新阶段：青少年阶段和退休阶段。

百岁人生，可能成为下一个契机，让我们迎接新的人生阶段。关于这一点，两位分别来自人力资源和经济学方向的专家作者，建议我们做好以下准备。

首先，在更长的时间维度下，盘活人生的无形资产。

百岁人生的挑战，看起来是财务上的，但它的实际命题，是如何在更漫长的时间里，保持知识、技能、身体、家庭和伙伴关系的长久健康。除了金钱资产，我们可以把其他"资产"抽象为以下三类：

1. 生产资产，如知识、技能。
2. 活力资产，如健康、积极的家庭关系和友谊等。
3. 转型资产，如自我认知、接触不同网络的能力，对新经历的开放态度，等等。

在原本的三阶段人生中，我们主要只在教育和工作的前半阶段积累生产资产，而持续较为忙碌的工作阶段可能会影响到活力资产的积累（某些家庭甚至出现一方完全牺牲活力资产的状况），转型资产更是很少涉足。

但在百岁人生中，我们可以换个方式，更好地持续盘活、管理这些无形资产。

比如，在人生的更多阶段，动态保持知识和技能的不断精进。人们常说"一万个小时的积累，就能让人成为某个领域的专家"，拥有 873 000 小时的百岁人生，在更长远前瞻的规划下，成为一个或更多领域的专家，可能变得现实多了。

比如，换个角度"经营"友谊与家庭。随着寿命延长，生育和抚养孩子在一生中的重要性可能会下降，友谊可能成为更重要的人生模块。夫妻之间的支持与协作也可以更加灵活有效，在某个阶段，A 追求事业，7×24 小时待命，而 B 则灵活工作照顾家庭，另一阶段，双方的角色可以转换。

其次，为人生设计新模块！

除了教育、工作、退休之外，我们的人生还可以设计一些新模块，比如全职再教育、探险期、创业期、斜杠期等。

工作一段时间之后，一些人可能希望通过全职再教育来补充新的知识技能，转换职业赛道。

在很多国家，间隔年（Gap Year）——高中毕业生进入大学之前，用一年时间进行旅行、游学之类的探索活动，已经成为一种既定的人生阶段。探险期，就像间隔年的升级版，通过一段时间的"跳出日常生活"，来更好地认识自己、发现自己的热情，形成对自己一生有益的想法或计划等。

如果能经历一段创业期，或者不那么正式的"实验性创业时期"，我们可以积累一些创业知识、学会打造自己的个人品牌，让自己融入与职场工作不同的社会网络。

我们也可能在某段时间过一种"斜杠生活"，同时在一家大公司、自己的个人项目、一个兴趣社群，甚至一个慈善机构中承担不同的角色。

把更长的人生，设计为在不同模块之间切换和过渡，以一种更加灵活的方式去积累我们的有形与无形资产，会是百岁人生下我们的新选项。

最后，建立更前瞻的财务计划。

回到我们一开始最担心的财务问题。更灵活的人生，的确需要更前瞻更持之以恒的财务计划。

提高长期维度下的投资回报率，就是我们重要的努力方向。以美国20世纪70年代出生的代表性投资者为例，同样设定工资50%的养老金水平，当投资回报率为2%时，他的储蓄率需要达到23%，而如果投资回报率上升到10%，他只需要存下1%左右的收入就够了（见图1.2）。

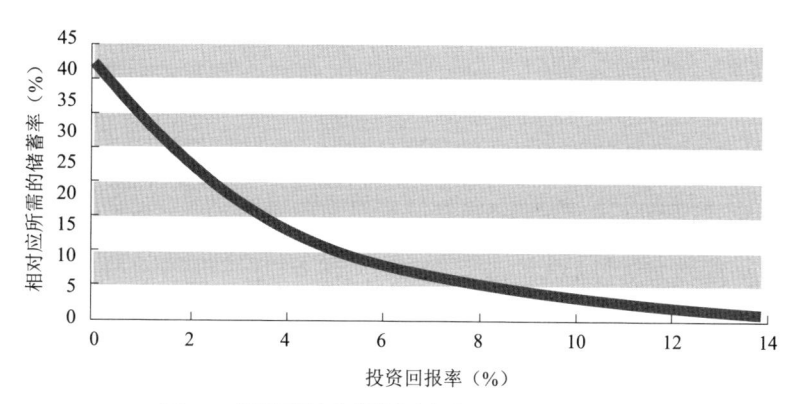

图1.2 投资回报率和储蓄率之间的关系（寿命100岁）

资料来源：琳达·格拉顿，安德鲁·斯科特. 百岁人生 [M]. 北京：中信出版社，2018.

为了提高投资回报率，下面几点应该是我们现在就可以开始做的。

1. 努力提高金融知识水平。这点可以通过阅读、参加在线课程等来加强。
2. 重视股票投资，并学会管理分散的投资组合。哈佛大学教授约翰·坎贝尔指出，美国家庭在家庭投资方面最常见的问题就是，在股票市场上投资不足。要知道，虽然短期波动较大，但在一个足够长期的维度，股票是最具备保值功能、投资价值的大类资产。其他常见问题还包括投资标的过于集中、过早卖出价格上涨的优质资产等。

3. 坚持一项长线投资计划。替未来的自己考虑，永远是一件困难的事情，财务决策的自动化（如定期储蓄、定期投资等）会是帮助自己坚持的很好方式。

长寿，是礼物还是诅咒？延长的寿命，是会让人们陷入西西弗斯式的劳碌至死的境地，还是把更多珍贵的时间、选择、生命的可能性交给每个人？这个答案可能在于我们如何看待和利用多出来的时间。

事实上，时间一直被投资者视为朋友。因为投资的回报来源，究其根源，是企业家在足够长的时间里投入的智慧、精力、耐力在历经考验后结出的硕果。因此，百岁人生也一样，如果我们可以因此成为对自己更有耐心的投资者，这会是难能可贵的礼物。

说起长寿，人们往往想到的是财务、收入和储蓄，但正如《百岁人生》一书所强调的，真正的挑战是管理好无形资产，让它们支持更长久更幸福的生活，毕竟家庭、朋友、兴趣、激情、知识、探索，才是我们幸福的最大来源。

邻国日本的老后破产现象：
他山之石，往后 30 年我们最该担心的事

如果绝大多数人的寿命延长，那么筹备一份不影响生活质量

的充裕养老金，可能会成为一个挑战。解决方案是什么呢？是延长工作年限，还是削减养老支出？

从这个层面上讲，无论是若然女士在40多岁时的担忧，还是冯寒先生在退休前10年对自己的焦虑，或许都非杞人忧天。

历史是最好的未来，马克·吐温说过："历史不会重复，但总是惊人的相似。"从这个角度出发，我们参考了邻国日本的案例。

20世纪70年代，日美纺织、钢铁、汽车及半导体行业接连产生摩擦；2017年，中美开始出现贸易冲突……日本的现代化之路为中国提供了很好的借鉴。但日本对中国的启示不止于此，人口结构的变迁也是日本为中国提供的重要借鉴。

世界银行发布的数据显示，大概从1988年开始，中国的人口增速就已经开始边际下降。2015—2020年，中国每年的人口增速为0.45%，对应日本1986—1990年的平均增速水平，两国之间的时间间隔约为30年。另外，中国目前的老年赡养比为17.02%，意味着大约每5.9个人就需要赡养一个超过65岁的老人，也大约为世界银行统计的日本1990年的情况，间隔也约为30年（见图1.3）。

在日本，经常会看到这样的场景：白发苍苍的老者依旧奋战在工作中，出租车、饭店、酒店……处处都有耄耋老人的身影。相比跳着广场舞、颐养天年的中国老人，这一场景是相当令人震惊的。

二战后到1986年左右，日本的退休年龄普遍是55岁。1986

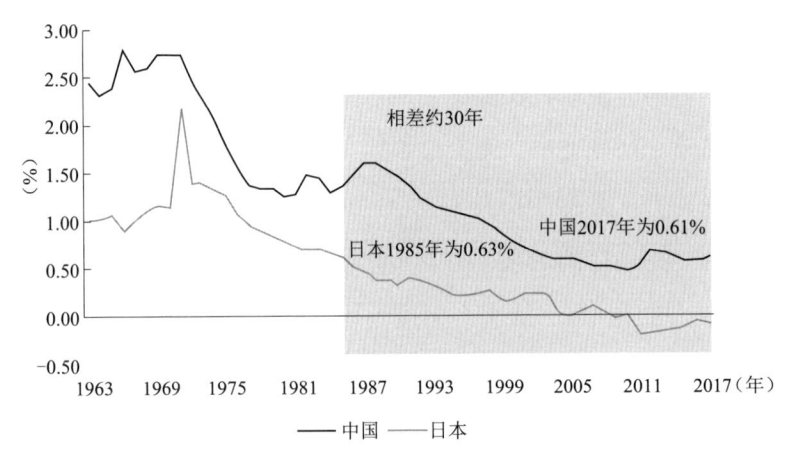

图 1.3　历史上中日两国人口增速变化

资料来源：世界银行，数据区间为 1963—2017 年。

年后，退休年龄逐渐提高到 60 岁，2013 年又提高到 65 岁，2020 年则是 70 岁，领取养老金的年龄也上升至 75 岁。2019 年，日本政府提出，可能再次延长退休年龄到 75 岁。

日本还存在一个奇怪的现象。日本警视厅的统计数据显示，2011 年后因盗窃被拘捕的老人数量开始超过未成年人。日本老年人犯罪总数在过去 20 年增长近 5 倍，老年犯罪成为日本面临的另一个严重的社会问题。

究其原因，退休储蓄不足是这一日本社会问题的根源。调查显示，60 岁的日本老人现阶段（计算配偶在世时夫妻二人的共同储蓄额）的平均储蓄额为 3 078 万日元（约 159 万元人民币）。但储蓄额"不满 100 万日元"（约 5 万元人民币）的占比最高，达到 20.8%。另外，储蓄额"100 万~300 万日元"（5 万~15.5 万元人民币）的人占比为 11.9%。在养老金不足的情况下，"银发犯罪"就成为一种衍生的社会现象，相较于家里和保障性住房中，一些日本老人更喜欢待在设计人性化的监狱里。

根据国际货币基金组织（IMF）测算，中国人的储蓄率2020年高达46%，虽相较过去已有所下降，但相较于美国的19%、日本的25%、欧盟的25%，依旧是储蓄率最高的国家，而且我国的基本养老金几乎每年都在提升。但是，目前国内的基本养老金制度是现收现付制，即年轻一代供养退休一代，此外近几年财政部对于养老金的补贴支持也在日益增加。随着我国经济发展进入新的阶段，人口老龄化不断加剧，在不远的将来，我们很有可能在退休后享受不到父母辈的基本养老金待遇。

这不是只针对我国的偶然事件，而是席卷全球的"养老金革命"。当寿命延长，传统的三阶段人生将不再是常态，我们要关注的不仅是身体的健康，还要审查财产的健康状况。

🔺 小贴士

养老的大问题：未来人口知多少

18世纪，马尔萨斯就在《人口论》一书中指出，当人口以几何级数增长而资源以算术级数增长时，人均资源减少会不可避免地带来饥荒、战争、病毒等，使社会和经济陷入"马尔萨斯陷阱"。此外，也有人口论乐观派，如诺贝尔经济学奖得主西蒙·史密斯·库兹涅茨，提出了各国经济增长的长周期平均为20年的观点，并证明这在很大程度上受人口增长率变化的正向影响(也被称为"库兹涅茨人口周期")。人口与经济之间,在经济学家眼中有着千丝万缕的正向或负向的相互影响。

中金宏观专题系列报告中的数据显示,根据联合国人口署统计数据,再结合其9种不同的预测方法,中国的人口总数或许会在2035年左右进入下行通道,即使是采用最乐观的高生育率预测方式,人口总数也会在2040年左右进入较长的瓶颈期。其中,最乐观的情况为高生育率和更替水平生育率,未来80年人口会维持在14亿~15亿;但在低生育率的预测方案下,总人口将在2100年下降至6.84亿;若维持现在的生育率情况,人口也会下降至8.4亿(见图1.4)。

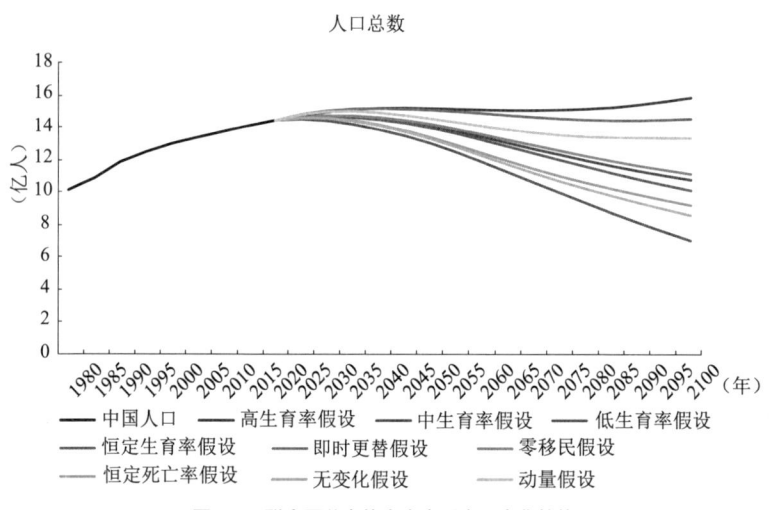

人口总数

图 1.4 联合国公布的未来中国人口变化趋势

资料来源:联合国人口署。

在上述预测下，会带来一个新问题——劳动力人口下降和人口抚养比上升。在不同模式的测算下，劳动力人口的占比都预计会降低，最终维持在50%~55%，这意味着每100人中，有50人左右为15~64岁的劳动人口，其余主要为15岁以下需抚养的儿童、65岁以上的退休人士及其他非劳动力人口。其中，虽然低生育预测方式在前期会减轻劳动人口占比下降幅度，但在长期中造成的压力更大；相反，高生育预测方式下，前期劳动人口占比下降最快，但在2055年之后，随着2020年后出生的人口成长为新劳动力，劳动力占比反而开始上升（见图1.5）。

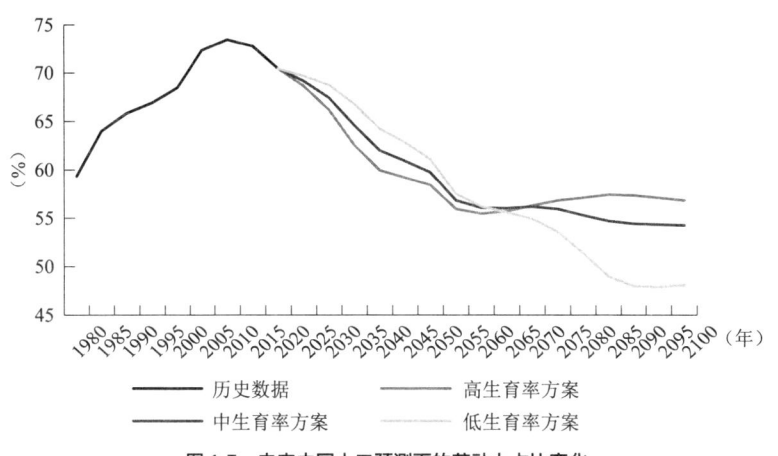

图1.5 未来中国人口预测下的劳动力占比变化

资料来源：联合国人口署。

也因此，我们可以看到在几种预测下，人口总抚养比也将逐渐上升至2100年的0.8左右，这意味着每1.25个成年人平均需要照顾1个老人或孩子（见图1.6）。我们也能看到在低生育率的预测下，总抚养比会超过1，这意味着平均每一个成年人，需要照顾比自己更多的老人和小孩，其中最主要的原因为老年人口占比的快速上升。

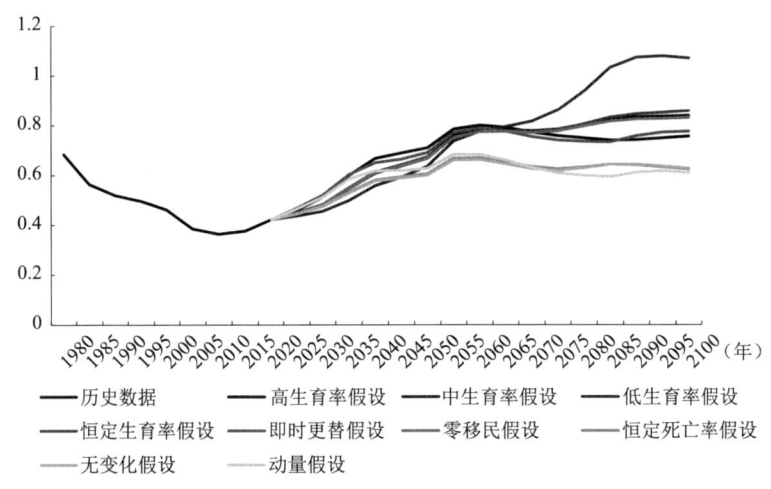

图1.6　未来中国人口预测下的人口总抚养比趋势

注：劳动年龄为15~64岁。

资料来源：联合国人口署。

在不同情形的预测下，未来的人口总数及人口结构或许都与今日社会有较大不同，但相同的是，变化的趋势已经开始出现。虽然只是数学模型上的简单预测，但长期看是大概率发生的方向，更需要我们从今日起一点一滴地做准备。

🔺 **小贴士**

你的养老生活幸福吗？
这几个指标或许可以给你一些答案

说到养老，我们总绕不开 3 个数据——替代率、赡养率、缴费率，这 3 个数据代表什么意义？

替代率是指退休后领取的养老金与退休前工资收入的比值，数值越高，越能体现社会养老金保障程度高。举个例子，中国社科院发布的数据显示，目前我国社会平均养老金替代率由 2002 年的 72.9% 下降至 40%~50%，也就是说如果退休前的每月工资收入是 10 000 元，那么在退休后每月领取的养老金为 4 000~5 000 元，这与后文中提到的上海职工退休养老金平均水平相符。世界银行测算，养老金替代率达到 70% 后，退休生活质量不会明显下降。

赡养率，其实就是常说的总抚养比（为老年抚养比和少儿抚养比之和），公式为（老龄人口＋未成年人口）／劳动力人口，数字越大，表明劳动力人均承担的抚养负担越重。从我国第七次人口普查的数据可知，2020 年总抚养比为 45.9%（0~14 周岁 +65 周岁及以上人口数 /15~64 周岁人口数），也就是平均 2.18 个劳动人口抚养一个孩子或老人，2010 年该数字为 34.2%，即 2.93 个劳动人口抚养一个孩子或老人。其中，还有一个更细化的概念——养老人口抚养比，即 65 岁以上人口数与劳动年龄人口数的估值。2020 年全国老年人口抚养比为 19.7%，这个数字越大，则代表这个社会老龄化情况越严峻。

此外，还有缴费率，即个人或企业缴纳养老保险占工资的比例。职工缴费率越低，说明政府基本养老保险的支出压力越小。在现收现付制的养老保障体系下，当政府面临日益严峻的资金压力，可通过提高当期在职员工的缴费率从而增加收入，或者也可降低替代率而减少支出。

养老问题不只关乎你，它也是经济的安抚器和稳定器

面对未来，养老问题可能比你想象的更复杂，这关乎着我们每一位，也关乎着社会经济、教育、文化等方方面面。

关于经济，有美好，也有担忧

"银发经济"一词越来越火，除了已有的养老房产、养老机构、养老旅游等养老产业，专家预计未来助听器等养老器材产业和养老婚庆等服务业将迎来爆发期，这些行业或许能成为未来经济重要的增长点。

复旦大学老龄研究院院长彭希哲教授在2022年"投资·百岁人生"养老投资科普论坛上表示，2020年中国银发经济的规

模是约 5 万亿元，占 GDP（国内生产总值）的比重为 5%，而伴随着未来人口老龄化的进程，银发经济发展会非常迅速，预测在 2050 年占到整体经济的 16%，甚至更高。老年人的心态年轻化、生活智能化、消费升级化，为未来的银发经济的发展创造了非常好的外部环境。

有美好，也有担忧。在 2019 年由国家卫生健康委员会、民政部等共同召开的"新时代积极应对人口老龄化高端研讨会"上，各部门的专家和学者都提到了这样两个数字——人口数及老龄人口数。

北京医院的王建业院长举例说明：随着人口老龄化的推进，更多的老龄病也将伴随着这份幸福出现，以他主治的前列腺癌为例，30 年前一家医院只能发现一两例这种病，如今他一次出诊就要查看十几例；老年人多病共存，不仅治疗困难，这也将带来非常重的经济负担。预计在 2050 年，全国老年人医疗费用将达到 13 万亿元，相当于现在广东省和上海市全年 GDP 的总和。当面临更严峻的医疗负担时，家庭和经济体的教育、消费、储蓄等需求都会被弱化。

以 OECD（经济合作与发展组织）成员国和新兴市场经济体数据作参考，经济学家发现人口老龄化趋势也会降低经济增长率、全社会工作总时长以及个人储蓄率，同时还会拉高通货膨胀率。在过往 20 年中，由于世界范围内劳动人口的增加，这些影响还未显现，但在新冠肺炎疫情、逆全球化和老龄化趋势的影响下，经济变化正在加速突显。

个人养老准备，不只关乎你个人

应对老龄化带来的潜在危机，做好养老规划和储备，受益的不仅是你自己，还会传导至经济增长，同时对于教育和文化也产生间接影响。

实证研究显示，1960—2002年，OECD成员国和新兴市场经济体的养老储蓄，对于该地区的经济产出就有积极影响，经济学家也归纳出了"养老基金积累-长期资本增加-储蓄增加-投资增加-产出增加-经济增长"的传导机制。当进入老龄化社会，甚至跃过老龄化社会迈入超老龄社会，"体面养老"所需要的医疗、护理、住宅、物流、交通等方方面面细致入微的改变，都需要通过经济增长来实现。个人准备的养老储蓄将助力经济的发展，也将为每个人自身生活的改善带来正向反馈。

老龄化社会中，养老金水平将更依赖于家庭的整体收入情况而非国家福祉，研究与实证显示，当养老金收入与家庭收入更紧密挂钩时，父母将有更大动力增加子女的教育投资，希望在未来提高家庭整体收入水平，而这在一定程度上也带动了人力资本的积累和民众文化水平的提高。

从欧洲到南美，一场席卷全球的养老金百年革命

美国著名人口专家菲利普·朗曼指出，经济增长和人口总是

密切相关的。[1]随着全球各国都先后面临老龄化加剧，经济增长放缓的情况，不少国家的养老保险制度发生了严重的支付危机，传统现收现付制养老金的代际冲突开始显现，甚至威胁到了国家经济和社会稳定。这也导致了这一场历时百年、席卷全球的养老金革命。

故事从头讲起。世界上第一个养老保险制度是1889年德国俾斯麦政府颁布的《养老金保险法》。

该法案下，职工依照工资缴纳保险金，退休后养老金按照薪酬和缴纳时间而定。最初的养老保险制度采取基金积累模式，即职工退休金额来源于此前储蓄积累的资金和其中的利息所得。1957年，由于原养老保险制度下需长期储备过多的资金，并需抵御经济危机和通货膨胀的影响，运行压力巨大，因此，德国政府改革了养老保险制度，调整为现收现付制度，即下一代从业人员缴纳养老金，支付上一代退休人员的养老金。

但在1957年后，由于德国也面临人口老龄化、职工提前退休、经济增速下滑等问题，现收现付制度的短板日益暴露。1974年，德国政府开启新一轮改革，通过了《企业补充养老金法》来促进和规范企业补充养老金的发展，并于1992年、1999年、2001年、2004年等持续推出更有力的改革措施，以逐渐降低现收现付制的支付比例，并不断丰富养老保障体系。

---

[1] 资料来源：Philip Longman. The Empty Cradle: How Falling Birthrates Threaten World Prosperity And What To Do About It[M]. New York: Basic Books, 2004.

再来看看英国的情况，英国养老金制度设立于 1908 年。

经历了从免费制到缴费制、从覆盖参保者到覆盖参保者家属、从均一待遇到收入关联待遇的制度演变，英国养老体系日益复杂且多项目并存。当英国经济进入滞胀时代后，政府所面临的财政、福利等矛盾加剧。20 世纪 70 年代，英国时任首相撒切尔夫人采纳了新自由主义派的政治思想，强调完全竞争市场、个人主义、私有化、自由放任的市场经济，施行了一系列涉及货币政策、经济政策、削减福利的措施，被称为"撒切尔革命"。

其中，撒切尔政府将养老金制度修改为根据物价调整而非工资增长水平、降低发放基数以降低整体支出水平。此外，还引入了个人养老金计划，鼓励职工从公共养老金中退出。此后，直至特蕾莎·梅政府，英国进行了持续性的养老金改革，尤其是在面对老龄化、经济减速、劳动力成本增加的环境下，改革延续撒切尔政府的制度方向，逐渐将繁重的国家责任部分转移到企业和个人身上。

养老金改革不仅发生在欧洲，远在南美的智利也在 1980 年颁布了全新的养老制度法令。

当时的皮诺切特军政府虽为独裁统治，但支持芝加哥学派新自由主义经济学，其以个人基金为基础制定了新养老制度，要求民众以个人身份在养老金管理公司开设账户，按工资比例缴纳，且养老金管理公司私有化运营，民众可自由选择，企业之间互相竞争，国家只负责监管，后又新增职工自愿储蓄部分。该制度顺利运行至今已 40 年。

不难看出以上国家在改革中的相似之处。首先，是对原有制度的改革，下调原有现收现付制度比例甚至取消该制度，引入基金积累制的管理方式。其次，进行结构性改革，国家养老金制度体系从单支柱转向多支柱发展。我们也能看到，国家原有养老责任逐渐向个人转移，国家财政压力减缓，民众通过多劳多得、多储多得来提高个人的福利水平。

这场席卷全球的养老金革命在学术圈也有论证。1966年，美国经济学家亨利·艾伦发表的一篇著名论文《社会保险悖论》提出，只有在人口增长率与真实工资增长率之和超过利率的情况下，现收现付制的养老体系相较于基金积累制的养老金制度才有优势。反之，当经济增速放缓，社会平均工资增长率也将随之下降或进入稳定状态；或出生率下滑时，基金积累制为更优解。

随着工业化、城镇化、市场化、全球化的深入，叠加下一代的竞争压力、女性文化程度提高、单身主义等因素，几乎全世界的国家都会先后面临人口出生率下降、预期寿命延长、提前退休意愿增强的现实矛盾情况，这些改革先驱国家的成功案例对于我们具有深刻的参考和启示意义。

改革核心：现收现付制（DB），还是基金积累制（DC）？

我们先通过表1.1来理解一下两个关键词：现收现付制（DB）和基金积累制（DC）。

表 1.1 养老金制度中现收现付制与基金积累制的差异

类型	现收现付制 (Defined Benefit, DB)	基金积累制 (Defined Contribution, DC)
缴付方式	收益确定型模式,退休后每期领取的养老金数量是确定的	缴费确定型模式,为退休计划每期缴费的金额是确定的
管理方式	在职群体为上一代人支付养老金,他们的养老金由下一代人支付,管理机构压力较小	个人在职期间积累自己的养老金,退休后从账户中提取,提取的金额取决于储蓄总额和管理机构投资收益情况
优势	对于个人收入水平的影响较为稳定,由管理者承担风险,可减少老年贫困	由个人主导,与企业无关,缴费公平,比较适合于老龄化社会
缺点	可能出现难以平衡代际、代内的公平问题	容易受到个人决策及投资市场风险的影响

从目前我国的养老金制度来看,第一支柱基本养老保险实行现收现付制,第二支柱中机关事业单位工作人员的职业年金采取现收现付制,企业职工的企业年金实行基金积累制。刚刚起步的第三支柱个人养老金,实施税收递延的养老保险、养老目标基金等,则是以基金积累制的储蓄养老为思路的。因为美国的养老体系与国内有相似之处,所以我们以美国养老投资计划作为参考,见表 1.2。

表 1.2 中美两国的两种养老投资计划比较

第一支柱 现收现付制(DB)计划	
国家	美国	中国
代表计划	联邦社保基金(OASDI)计划	政府主导的公共养老金:城镇职工基本养老保险、城乡居民基本养老保险

（续表）

第一支柱　现收现付制（DB）计划		
国家	美国	中国
资金来源	来源于社会保障税，社会保障税由雇员和雇主共同缴纳。为政府强制性计划，所以政府财政为该体系提供最终担保	城镇职工基本养老保险由单位和个人共同缴纳，城乡居民养老保险基金由个人缴费、集体补助、政府补贴构成

第二支柱		
类型	现收现付制（DB）计划	基金积累制（DC）计划
美国代表计划	私营部门（企业雇主）DB计划，公共部门（联邦、州和地方政府）DB计划	私营部门DC计划：401（k）计划；联邦、州和地方政府DC计划：403（b）计划；457计划；联邦政府储蓄计划（TSP）
中国国内计划仅作参考，具体条款有诸多不同	机关事业单位工作人员的职业年金	企业职工参加的企业年金
资金来源	计划发起人或管理人承诺，企业的雇员退休后的养老金水平、待遇根据约定的公式计算确定	公民（雇员）建立个人账户，计划发起人或管理人决定账户的投资并承担风险，养老金领取总额等于投入资金及投资收益之和
缴费	通常由政府机构或雇主供款，雇员不需要供款，供款方承担主要责任及风险；每期缴费可根据企业盈利情况或雇员的工龄、职位调整	雇员与雇主可共同缴费，但雇主不保证员工退休后的养老金水平和投资风险；按照固定费率缴费，弹性小，较为公平
资金管理运作	由基金管理机构进行资金管理，委托投资机构进行投资，个人不参与直接投资过程	有管理机构委托投资机构投资，个人不参与投资，以及管理各机构协助个人进行投资两种选择

(续表)

	第二支柱	
领取情况	领取收入较为稳定,雇员无须承担市场风险及长寿风险	由主要投资收益和过去缴纳数额而定
税收优惠	符合国税局要求的计划,采用仅在领取缴税的税优政策	符合国税局要求的计划,采用仅在领取缴税的税优政策
工作变动	不可以,若雇员离职,雇主缴纳部分将被没收	养老金账户属于个人,可以随着工作变动全额转移养老账户

第三支柱　现收现付制(DC)计划		
国家	美国	中国
代表计划	个人退休账户(IRA):传统 IRA、罗斯 IRA、雇主发起 IRA、养老保险年金	个人养老金账户购买的金融产品
资金来源	传统 IRA 主要来自第二支柱雇主养老金计划的转结;其他主要为个人缴纳;雇主发起的 IRA 可能有公司配比	从 2022 年 1 月 1 日起,个人税前缴纳,每年额度 12 000 元
税收优惠	传统 IRA 采用税收延迟模式,罗斯 IRA 为提前征税模式	目前采用税前扣除,领取时缴税的税收延迟模式

▲ 小贴士

美国"401(k)计划"的历史起源
——斯图特贝克事件

每当提及个人养老金方案,就不得不说美国的"401(k)计划"。401(k)计划过往 50 年的发展历程也并不总是一帆风顺。

401（k）计划的起因就是著名的斯图特贝克事件。在401（k）之前，美国绝大部分企业自发提供职员的退休养老金。1963年，美国斯图特贝克汽车制造厂因长期亏损而关闭，5 000名工人下岗失业，加上2 000名已退休工人，7 000人无法得到原来承诺的养老金给付待遇。这些失业的工人都为美国汽车工人联合会成员，在职时都加入了由工会和斯图特贝克共同建立的养老金计划。

该事件在美国社会引起强烈反响，也暴露出当时私人企业的退休养老金管理异常混乱，政府高度重视，并派出特别委员会进行调整。政府深刻意识到，养老金管理只有独立于企业进行专业化管理，职工权益才能得到充分保障。这也直接推动了1974年美国《退休金保障法》的出台和实施，成为美国雇员福利时至今日的法律保障。其中，法案鼓励企业将现收现付制改为独立的企业资产基金管理制，向联邦政府新成立的养老金担保公司缴纳保险费，明确了职责、行为准则和投资限制，也建立了可跟随个人转移且实现税收优惠的个人养老金账户。

1978年，施乐和柯达公司的高管为实现薪资递延的避税政策，借由众议员巴伯·科纳布尔提出议案，争取成立企业共同缴费、可实现税收优惠的个人养老金账户。同年，美国《国内税收法》新增的401（k）项通过，条款允许企业采用DC计划向雇员提供退休福利。企业雇主给雇员缴纳养老金时，缴费能够在税前扣除；同时对于个人缴纳部分可以选择递延缴纳、投资收益部分免税的优惠政策，大大激发了企业与雇员双方建立并参与养老金计划的积极性。

此外，随着美国婴儿潮出生的大批人口进入当时的劳动力市场，以企业缴费为主的原养老金计划给企业带来的负担日趋沉重，企业开始寻求降低成本的出路。1981年，在一系列力量的推动下，法令被追加推广到美国所有的普通雇员。个人养老金账户和401（k）计划的出现在短期内缓解了公共养老金的压力，也因投资于股市而对市场产生了积极的影响。

经历从20世纪70年代至今近50年的发展，基金积累制的个人养老金计划、以401（k）为代表的基金积累制企业养老金计划的总规模已经赶超了原现收现付制的养老金计划。从2022年美国投资公司协会（ICI）公布的养老金市场一季度数据来看[①]，企业养老金占比从70年代的87%下降至58%，其中基金积累模式的占比从20%增长至48%，从总量及占比来看都有显著提升。此外，同样是基金积累制的个人养老计划也从无到有，如今在美国养老金体系的占比接近35%。也因此，二、三支柱的基金积累制的养老金计划的总占比从17%上升至63%，成为美国养老金体系中最重要的部分。

---

① 资料来源：ICI, Quarterly Retirement Market Data 2022Q1.

正如本章所阐述的，虽然养老是每个人在退休后的生活，可能还有些遥远，但"养老"这个话题离我们并不遥远，关乎你我每一个人，更关乎着国家民族的长远发展。

在接下来的内容中，我们将开始逐渐聚焦话题——讨论每个人的养老金准备问题，这包括计算你未来的养老金收入金额、如何未雨绸缪做好养老资产投资等。我们也将结合前文案例分别进行测算，希望能够对你有所启发。

第二章

就是现在，构建向往的退休生活

再过两个10年，55岁，我要把之前想去的地方都去一遍。

去稻城亚丁徒步穿越，去长白山天池看大水怪，去新疆戈壁滩自驾越野车，去拉萨走朝圣路……

——@舒女士

我希望有一个带院子的小房子，冬暖夏凉。在那个小院子栽花种树，夏天乘凉，冬天晒太阳，和自己的宠物玩耍，跟朋友喝喝茶、聊聊天。傍晚出去散散步，锻炼锻炼身体，使自己身体硬朗。再跟朋友出去旅游，去看一下中国的大好河山，放松心情。

——@邓先生

未来的养老金从哪儿来?

在开始回答这个问题前,我们先介绍一下你未来的养老金可以从哪儿来。

1994年,世界银行在《防止老龄危机——保护老年人及促进增长的政策》中首次提出养老金制度三支柱模型,建议由政府、企业、个人三方共同承担养老责任。

1. 第一支柱:国家强制公共养老金。

这是由政府强制实施的公共养老金计划,由政府提供最基本的养老保障。这部分资金管理通常采取现收现付制,由当期工作人口支持退休人口。

代表:美国联邦社保基金(OASDI)计划。覆盖全美96%的就业人口,是美国老年人生活保障的第一来源,也是美国低收入人群的主要收入来源,且对于这类群体,公共养老金的替代率更高。

2. 第二支柱:企业、个人共同缴费的职业养老金计划。

该部分计划为个人设立专有账户,由所在企业和个人共同缴费,通常资金管理也采用基金积累制。这类计划在不少国家已经成为养老保障体系的主体部分。

代表:美国企业养老金。美国养老金第二支柱的资产规模目前达到20.12万亿美元,虽占美国养老金市场比例从20世纪70年代的87%下降至58%左右,但依旧为体系中最重要的部分。如前文所述,近50年其中的DB计划逐渐转为DC计划,也以401(k)计划最为普遍,规模达到70%且逐年提升。

而且,401(k)计划中权益类资产(股票基金、股票等)的投资占比最高,ICI数据显示,401(k)计划的整体回报与美国股市标普500指数相关度高达0.94(当该数值为1时,表现完全一致)。

美国员工福利研究所(EBRI)以标普500指数过往表现来估算不同收入分布下401(k)计划的收益情况。在模型下,如果采用了1926年以来的股市数据,2035—2039年退休的雇员的工资替代率均高达51%。即使采用了1929—1978年美股表现最糟糕时的数据,依然提供了不低于41%的退休后工资替代率。此外,其数据显示,美国企业养老金的替代率会随着参与者退休前工资的上升而上升,背后因素推测为高收入群体更有意愿将更高比例的收入投进职业养老金账户(见图2.1)。

3. 第三支柱:个人养老储蓄计划。

该部分计划由个人自愿缴费参与,且采用基金积累制,不少国家给予一定税收优惠政策。

代表:美国个人退休账户(Individual Retirement Account,简

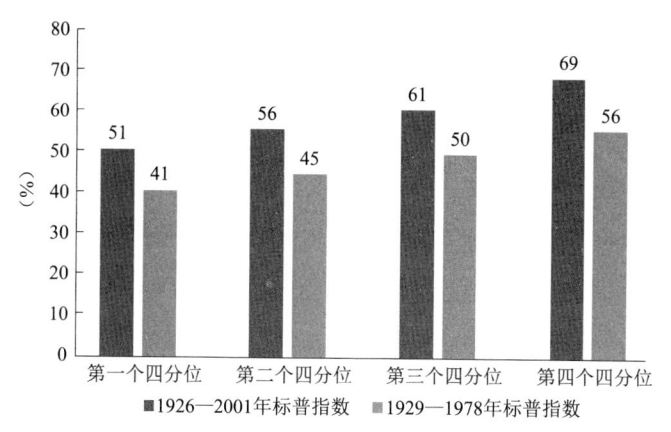

```
  80
  70                                                              69
                                        61
  60          56
      51                                                                56
(%)                 56                        50
  50
          41              45
  40
  30
  20
  10
   0
        第一个四分位    第二个四分位     第三个四分位    第四个四分位
         ■ 1926—2001年标普指数    ■ 1929—1978年标普指数
```

图 2.1 以标普 500 指数期间表现估算 401（k）养老金工资替代率

注：根据 EBRI/ICI 的 401（k）累计投影模型（Accumulation Projection Model）所计算的 401（k）替代率水平。选取的样本为将在 2035—2039 年退休的雇员（65 岁退休年龄）。该模型假设：（1）计算替代率所使用的退休前工资采用的是退休前 5 年的平均工资水平；（2）401（k）参与者或者其雇主每年定期缴纳费用；（3）雇员中途没有进行借款、提前支取养老金，或者没有因为更换工作而支取养老金的行为。

资料来源：EBRI。

写为 IRA）。这是由政府通过税收优惠政策发起，个人自愿建立的补充养老金计划。IRA 在美国发展势头迅猛，其规模已由 1995 年的 1.3 万亿美元增长至 2021 年年底的 13.9 万亿美元左右，占美国退休金资产的 35% 以上。2021 年，拥有 IRA 账户的美国家庭总数达 4 770 万户，约有 36.7% 的美国家庭至少拥有 1 个 IRA 账户（见图 2.2）。[①]

IRA 的诞生和发展顺应了美国劳动力市场变化和经济结构转型的大趋势，已成为美国人养老的中坚力量。

---

① 资料来源：ICI factbook 2022. Sources: ICI Research Perspective, "The Role of IRAs in US Households' Saving for Retirement, 2021" and Investment Company Institute, "The US Retirement Market, Fourth Quarter 2021".

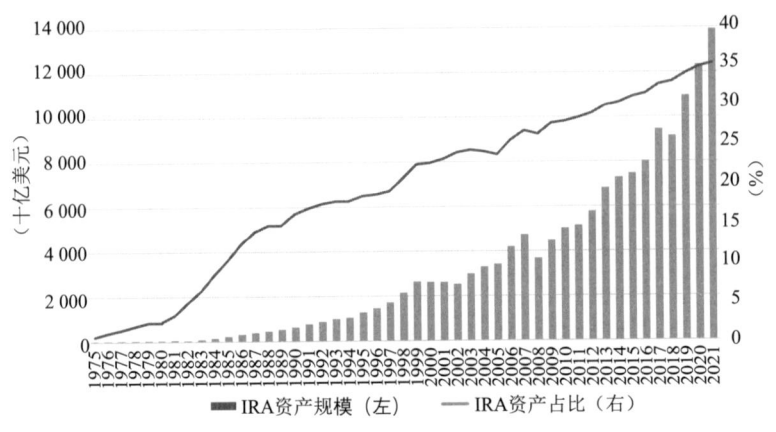

图 2.2 美国 IRA 资产规模及其占养老金资产比例

资料来源：ICI, Quarterly Retirement Market Data 2022Q1.

值得一提的是，2005 年世界银行再次发布了《21 世纪的老年收入保障——养老金制度改革国际比较》报告，在原有的养老三支柱的养老体系模型基础上，提出五支柱的概念和建议：另外两个支柱分别是以消除贫困为目标，提供最低水平保障的非缴费型"零支柱"，以及在家庭或代际之间的非经济性的第四支柱。世界银行再次从经济、社会、伦理等角度丰富了养老保障的形式与意义。

目前，我国的三支柱养老金体系基本框架结构为：

第一支柱是由政府主导建立的公共养老金，包括法律强制的城镇职工基本养老保险和自愿缴纳的城乡居民基本养老保险，前者是我们常说的五险一金中的养老保险金，后者的参保人员主要为城镇非从业居民和农村居民。

第二支柱为由企事业单位发起、由商业机构运作的职业养老金,包括企业年金和事业单位发起的职业年金。

第三支柱为居民个人自愿购买的个人养老金,包括可以进行税务递延或税务减免的"税惠型养老保险",还有一般的非税惠型养老金和养老目标基金等。2022年4月21日,国务院办公厅发布《关于推动个人养老金发展的意见》,有力推动第三支柱以及相应的税收递延政策、个人账户制、养老金融产品等个人养老金业务的发展和规范。11月4日,人力资源和社会保障部、财政部、国家税务总局、银保监会、证监会联合发布《个人养老金实施办法》,对个人养老金参加流程、资金账户管理、机构与产品管理、信息披露、监督管理等方面做出了具体规定。

虽然我国已经建立起三支柱的养老金发展体系,但是由于起步较晚,目前正面临着第一支柱独大的情况。除了个人储蓄,大部分居民的养老金主要来源为公共养老金部分。

↑ 小贴士

我们究竟可以领取多少退休养老金?

依据《国务院关于完善企业职工基本养老保险制度的决定》,2006年全国统一改革基本养老金计发办法,退休养老金由3部分组成:退休养老金＝基础养老金＋个人账户养老金＋过渡性养老金[①],简单的公式如下:

---

① 1993年前参加工作的人可领取过渡性养老金。

基础养老金 =（上年度全市职工月平均工资 + 本人指数化月平均缴费工资）÷ 2 ×（缴费年限 × 1% + 剩余缴费月数 × 0.083%）

个人账户养老金月标准为：个人账户储存额／给定计发月数（实际终身发放）。

以上海作为假设，2020 年上海平均职工工资为 11 530 元，缴纳年限为 35 年，职工平均基础养老金为 2 017 元，个人账户养老金为 2 787 元，所以理想情况下平均每月领取的退休养老金为 4 800 元。可以看出，公共退休养老金的收入相较于原有的工资收入会有一定的差别，而且收入越高，养老金收入和原收入的差别也会越大。

基本养老保险的本质是为老年人口建立一个社会共济和收入再分配的保障机制，这项强制性社会保险制度已经发展了一百多年。我国自 1951 年 2 月 26 日颁布《中华人民共和国劳动保险条例》起，经过几十年的发展，形成了适应中国国情、具有中国特色的社会统筹与个人账户相结合的养老保险模式，见表 2.1。

从参保人数来看，根据人力资源和社会保障部 2021 年 6 月 30 日宣布印发的《人力资源和社会保障事业发展"十四五"规划》，要求基本养老保险参保率达到 95%。截至 2022 年 3 月底，我国基本养老保险参保人数达 10.07 亿，基本养老保险的覆盖率超过 90%，是覆盖人口最多的国家福利制度。

表 2.1 我国的养老保险模式

名称		资金来源	筹措机制	领取规则
基本养老保险基金	社会统筹基金	参保单位缴纳工资总额的16%	划入社会统筹账户的部分，即利用当期职工和居民的缴费收入支付当期退休人员养老金，属现收现付制	计发基数为当地上半年在岗职工月平均工资和本人指数化月平均缴费工资的平均值；缴费15年方能领取，计算基础基数为15%，每多缴一年增加一个百分点，上不封顶；退休后按月领取。
	个人账户基金	职工缴纳工资总额的8%	按个人工资缴费基数的8%划拨形成的本息和，采用基金积累制	按个人账户储存额除以计发月数，计发月数根据职工退休时城镇人口平均预期寿命、本人退休年龄、利息等因素计算；若参加职工基本养老保险的人员死亡，个人账户余额可以继承
	社保储备基金	中央财政预算拨款、国有资本划转、基金投资收益和国务院批准的其他筹集资金	也称全国社会保障基金，专门用于人口老龄化高峰时期的养老保险等社会保障支出的补充、调剂	不发放于个人

想要从容退休，要准备多少钱？

2022年，国务院办公厅发布的《"十四五"国民健康规划》

中提出：2025年，中国人均预期寿命在2020年的77.93岁基础上提高1岁左右，2035年人均预期寿命达到80岁以上。

2022年年初，国务院还印发了《"十四五"国家老龄事业发展和养老服务体系规划》，其中明确指出了"十四五"时期实施渐进式延迟法定退休年龄，部分省份也已经开始试点。虽然目前最终统一方案尚未发布，但以媒体预测来看，1970年出生的女性预计退休年龄为58岁，男性为63岁；1980年出生的女性预计退休年龄为61岁，男性为64岁；1990年后出生的男性女性均为65岁退休。按此测算，如今30岁的年轻人可能要到65岁才能退休，将面对近35年的退休生活。如果想要从容优雅地老去，就需要在职业生涯认真规划未来的财务安排。

需要正视的是，随着年龄的增长，医疗支出、护理费用都将大幅提升。比如，40岁时，人体肌肉的质量和力量会开始下降，到80岁时将丢失25%~50%的肌肉；50岁之后，骨头将以每年约1%的速度丢失骨密度；85岁时，人的记忆力和判断力会受到损伤，40%左右的人会患有老年失智症……对OECD成员国的统计发现，65岁及以上老人的人均医疗费用是65岁以下人口的2.7~4.8倍。

虽然每个人心中理想的退休生活各不相同，但有一些基本的目标是类似的。在这里，我们把这些常见的基本目标分为四大类别，作为我们迈向追求理想退休生活的第一步（见表2.2）。

为更方便理解和简化计算，也帮助翻阅此书的每一位读者找到自己对应的参考，我们将在后续测算中对几位前文提到过的伙伴的年龄取整数。我们以如风女士 35 岁为例，以预计的女性预期延迟退休年龄 64 岁为限，看看她需要为 29 年后的退休生活做多少准备？

表 2.2　提前准备的退休生活中四种基础的开支类型

开支类型	适合资金类型	资金管理要求	资金来源或合适的金融产品
衣食住行	必要开支现金流	强调流动性和稳定性	社保福利，或个人储蓄
不时之需	资金储蓄	强调流动性	相对充裕的储蓄资金
享受生活	金融资产	强调长期性和收益	收益较高的长期资产
医疗护理	金融资产	强调长期性和稳定性	保障性的投资

我们假设，为了不让退休生活影响现在的生活品质，并且维持一定的社交、医疗需求，如风女士需要保持每个月平均 8 000 元的消费支出（如前文中所述，在世界银行的测算下，退休生活质量不会明显下降的养老金替代率约为 70%，8 000 元的退休生活消费支出按照 2020 年上海平均职工工资为 11 530 元估算），同时假设如风女士每个月领取的社会养老金为 5 000 元，即将面临 36 年的退休生活。那么她可能需要在退休前至少准备 104 万元现金，以弥补养老金缺口。

（8 000 元养老支出 −5 000 元社会养老金）×12 个月 × 36 年 =129.6 万元

等一等，这里还需纳入通货膨胀的因素。如果假设年通胀率为3%，今年35岁的如风女士在29年后退休时，大约要7 070元才能抵上今天3 000元的购买力。而退休期间累计开支可能需要544万元！这个惊人的数字从何而来？

这里，为了方便测算，我们以如风女士预计延迟退休年龄64岁、平均寿命100岁为参考。

退休时当月额外开支 =（养老支出 − 社会养老金）×（100%+ 年通货膨胀率）^{离退休年数}
=（8 000−5 000）×（1+3%）^{29}
≈ 7 069.70 元

退休期间个人补充储备的养老金额的累计开支
= 退休当月额外开支为首项，月通货膨胀率为公比，退休年数 ×12 个月的等比数列之和
= 退休当月额外开支 × [1−（1+ 月通货膨胀率）$^{(12× 退休年数)}$]/（− 月通货膨胀率）
= 7 069.70 × [1−（1+0.25%）$^{(12×（100−64）)}$]/（−0.25%）
= 5 441 518.13 元

当然，你也可以按照你的真实需求，计算一下你的未来开支。出于便利考虑，我们也按照5岁一档，在表2.3中直接给出简单的测算结果（表格中的退休时间按照目前预测的女性未来延迟退休岁数作为参考，退休后年数也以"百岁人生"做预测）。

表 2.3 按当前每月 3 000 元购买力估算退休期间的总开支金额

年龄测算	预计退休年龄	离退休年数	退休后年数	退休时开支（元）	退休期间所有开支（元）
女性测算，按网络预计的退休递延时间估算					
25	65	40	35	9 786.11	7 197 373.06
30	65	35	35	8 441.59	6 208 517.23
35	64	29	36	7 069.70	5 441 518.13
40	62	22	38	5 748.31	4 835 845.30
45	60	15	40	4 673.90	4 286 856.06
50	59	9	41	3 914.32	3 745 493.95
55	57	2	43	3 182.70	3 309 486.91
男性测算，按网络预计的退休递延时间估算					
25	65	40	35	9 786.11	7 197 373.06
30	65	35	35	8 441.59	6 208 517.23
35	65	30	35	7 281.79	5 355 521.50
40	65	25	35	6 281.33	4 619 719.89
45	64	19	36	5 260.52	4 049 000.53
50	63	13	37	4 405.60	3 546 293.68
55	62	7	38	3 689.62	3 103 945.08

同样，我们以这样的测算方式模拟其他几位的开支情况：

- 30 岁的许戈先生需要准备 620 万元。
- 40 岁的若然女士需要准备 480 万元。
- 40 岁的吉木先生需要准备 460 万元。
- 55 岁的冯寒先生也需要至少准备 310 万元。

这样看来,"和你一起慢慢变老"需要有稳定的经济基础作为大前提。

接下来的小节,我们就一起来看看,退休后有哪些收入来源?用"小技巧"为退休生活"储蓄"更多吧。

养儿防老?以房养老?国家养老?

提到养老,有些人的第一反应就是"养儿防老",毕竟子女赡养老人是中华民族的传统。大家也会靠"国家养老",也就是领取社保退休金。当然,我们也常常会说"以房养老"。

但是,这些传统的养老方式很有可能在不远的将来不再适用。

首先是"养儿防老"。进入21世纪后,计划生育政策下的独生子女这一代逐渐成为社会主力军。然而与过往不同,这代人组建家庭以后,一对年轻夫妻需要赡养4位父辈老人,且在人口老龄化趋势下,父辈通常还有祖辈需要赡养,"三孩政策"的放开也将鼓励家里抚养多个小孩,四代同堂的幸福已经越来越普遍。就如前文联合国预测,在低生育率下人口总抚养比会超过1,这意味平均每一个成年人,需要照顾比自己更多的老人和小孩,"上有老下有小"的大家族背后同样也承担着前所未有的压力。因此,仅依靠"养儿防老"或许将变得不再可行。

那"以房养老"呢?在很多中国人眼中,有房才是家。房子不仅可以用来住，还可以通过抵押给银行等机构换取定期现金补助，或以高价出售等形式换取现金，也或者可以像若然女士那样，以出租赚取每月生活费，都可以用来养老。但是，在"房住不炒"的政策大背景下，房价已经告别了高增长时代，希望通过价差的形式换取长期回报已经不太可行。此外，若以抵押或出租的方式是否可行？全球经济数据网统计了10个一、二线城市的年化租金收益率，几乎都在2%以下，没有跑赢CPI（消费价格指数）。

我们再来看"国家养老"。可以说目前国家的基本养老保险储备是相对充足的。根据人力资源和社会保障部2021年统计公报，全年城镇职工基本养老保险基金总收入60 040.4亿元，基金支出56 500.3亿元，城乡居民基本养老保险收入与支出分别为5 207.2亿元和3 724.5亿元，收入高于支出部分，可以说基本满足当期保障功能。但值得注意的是，国家的养老保险主要采取了现收现付制，由当期在职人员缴纳支付给上一代退休人口，主要满足于当期的社会再分配功能，因此基金无须过多储备。但就如前文所述，当人口增长率下滑显现，劳动力人口与退休人口也会呈现左减右增的情况，这也意味着养老保险的收入和支出或许会出现无法匹配的风险。相信这是所有人都不愿看到的。

在不远的将来，随着出生率下降，人口结构变化，老龄化加剧，国家养老是否能满足退休后的基本生活支出呢，恐怕要画一个问号。

那么，还有没有其他的途径可以扩充我们个人未来养老金账户的来源呢?

以"个人养老金账户"作为支点,积累"后半生"资产

40岁的若然女士希望退休前在苏州买一套房子,可以居住在苏州。她预计,如果上海的房子可以租出去,再加上还有退休金,基本生活或许是够用的。如果按这样估算,若然退休后,上海房租收入加养老金可以提供至少每月1万元供她开支所需,不过,她需要为理想中苏州的房子在退休前攒够500万元。

35岁的如风希望退休之后,能够开一个花店或咖啡店之类的小店,住在离城市不远的地方,也是一笔不小的投资,虽然对于数额没有具体目标,但她也认为今天多存一点、多投资一点钱是好的选择。

从若然和如风的选择中不难看出,每一代人都有不同的养老方式,或许30年后,我们的养老方式将与今天大为不同。

"百岁人生"意味着我们的后半生与祖辈父辈相比,会有更长期的退休生活,也需要更丰厚的资金保障。

在介绍了新一代退休后生活支出和收入来源的变化后,接下来我们将进入实操层面:如何丰富退休后的收入来源,用更从容的姿态面对未来的不确定性呢?让"个人养老金账户"为你筹备

后半生的资产吧。

什么是个人养老金？

个人养老金是指有政府政策支持、个人自愿参加、市场化运营的补充养老保险制度，是多层次、多支柱养老保险体系的重要组成部分。一般是指政府鼓励个人向专门的账户进行缴费，个人依据自身风险收益特征，选择相应的、符合条件的养老金融产品进行投资，以积累养老金资产的制度安排。适用人群主要指向灵活就业群体，也可以包括具有经济能力的企业职工，通常采用个人自愿参加、基金积累制的形式，通过市场化投资保值增值。

2022年11月4日，人力资源和社会保障部、财政部、国家税务总局、银保监会、证监会联合发布《个人养老金实施办法》，对个人养老金参加流程、资金账户管理、机构与产品管理、信息披露、监督管理等方面做出具体规定。同时，财政部、国家税务总局发布了《关于个人养老金有关个人所得税政策的公告》，银保监会也就《商业银行和理财公司个人养老金业务管理暂行办法（征求意见稿）》公开征求意见，证监会也发布了《个人养老金投资公开募集证券投资基金业务管理暂行规定》正式稿。一天之内四大政策文件齐出，标志着个人养老金正式落地。

最新的个人养老金制度，你关心的问题都有解答

《个人养老金实施办法》中明确规定，参加个人养老金需开通个人养老金账户和个人养老金资金账户。

个人养老金账户用于登记和管理个人身份信息，并与基本养老保险关系关联，是参加人参加个人养老金、享受税收优惠政策的基础，通过全国统一线上服务入口或商业银行渠道开立。

个人养老金资金账户与个人养老金账户绑定，为参加人提供资金缴存、缴费额度登记、个人养老金产品投资、个人养老金支付、个人所得税税款支付、资金与相关权益信息查询等服务，参加人可以选择一家商业银行开立或者指定本人唯一的个人养老金资金账户，也可以通过其他符合规定的个人养老金产品销售机构指定。

个人养老金账户的特点

参加人群：中国境内参加城镇职工基本养老保险或者城乡居民基本养老保险的劳动者。

基金积累制：实行个人账户制度，缴费完全由参加人个人承担，实行完全积累制。

缴纳上限：每年个人养老金缴费上限为12 000元，每年不得超过该缴费额度上限。但未来可根据实际情况适时调整缴费额度上限。

投资产品：参加人可自主选择购买符合规定的储蓄存款、理财产品、商业养老保险、公募基金等金融产品，自主选择投资类型和金额。

税收政策：对缴费者按每年 12 000 元的限额予以税前扣除，时效追溯至 2022 年 1 月 1 日；投资收益暂不征税；在领取环节，个人领取的个人养老金，不并入综合所得，单独按照最低税档 3% 的税率计算缴纳个人所得税。

鼓励长期缴纳与长期领取：参加人可以按月、分次或者按年度缴费；可以按照基本养老保险确定的计发月数或自主选择，逐月领取，领完为止；或者按照自己确定的固定额度逐月领取，领完为止。

参加人身故的，其个人养老金资金账户内的资产可以继承。参加人因出国或出境定居、身故等使社会保障卡被注销的，商业银行将参加人个人养老金资金账户内的资金转至其本人或者继承人指定的资金账户。

🔺 小贴士

税收优惠能给我们省多少钱？

2022 年 11 月，在《个人养老金实施办法》发布的同时，财政部、国家税务总局颁发了《关于个人养老金有关个人所得税政策的公告》，其中规定："自 2022 年 1 月 1 日起，对个人养老金实施递延纳税优惠政策。在缴费环节，个人向个人养老金资金账户的缴费，按照 12 000 元／年的限额标准，在综合所得或经营所得中据实扣除；在投资环节，计入个人养老金资金账户的投资收益暂不征收个人所得税；在领取环节，个人领取的个人养老金，不并入综合所得，单独按照 3% 的税率计算缴纳个人所得税，其缴纳的税款计入'工资、薪金所得'项目。"

因为缴纳、投资、领取三个环节分别为税前扣除免税（E）－投资收益免税（E）－实际领取时征税（T）的模式，所以这样的模式也简称为 EET 模式，本质上其实是一种税收递延政策。类似的税收政策也一共有 EET、TET、ETE、ETT、TEE、TTE、EEE、TTT 8 种。从国际经验来看，美国、英国、德国、日本等发达国家目前都采取了 EET 的征税模式。

最新的《关于个人养老金有关个人所得税政策的公告》中规定，领取养老金时税率将为 3% 的最低税档。可见，参加人的收入越高，节税效果越显著，叠加投资收益不征税和税收递延积累的时间价值，节税优势会非常可观。

那具体来说，我们能省多少钱？首先我们来看投资部分。

我们以若然女士为例。假设她目前每月收入 3 万元（年收入为 36 万元，减去 5 000 元／月的免征额度，应税额为 300 000 元），处于 20% 的所得税档，每月投入 1 000 元购买投资产品，投资周期是 20 年（为方便理解，数据取整简化），我们也假设该笔投资的年化投资收益率为 7%。

在税收递延账户下，若然最终在退休时能领取的养老目标 FOF 资金是 477 188 元。而不享受税收递延的情况下，到手收入仅为 393 557 元，两者相差 83 631 元，有税收递延收益的最终金额是没有税收递延收益的 1.21 倍（见表 2.4）。

表 2.4 不同收入情景下对应的税收递延收益

不同收入情景	A 月收入 8 000 元 处于 3% 的所得税档		B 月收入 15 000 元 处于 10% 的所得税档		C 月收入 30 000 元 处于 20% 的所得税档	
是否选择个人养老金账户做投资	不选择（无法享受税收递延）	选择（享受税收递延）	不选择（无法享受税收递延）	选择（享受税收递延）	不选择（无法享受税收递延）	选择（享受税收递延）
当期本金（元/年）	12 000	12 000	12 000	12 000	12 000	12 000
当期税后本金（元/年）	11 640	—	10 800	—	9 600	—
当期节税金额（元/年）		360		1 200		2 400
到期收入（元）	477 188	491 946	442 751	491 946	393 557	491 946
到期税后收入（元）	—	477 188	—	477 188	—	477 188
递延收益/非递延收益	1		1.08		1.21	
额外领取金额（元）	0		34 437		83 631	
投资 20 年，年化收益 7%						

注：自有数据的 2018 年 2 月 22 日起至今（截至 2022 年 6 月 30 日），中证 FOF 基金指数的年化收益率为 7.2%（为方便后续计算，简化为 7%）。模拟测算不考虑申购赎回等费率，本例仅用于举例说明税收递延政策，不代表投资建议，不构成收益承诺。过往业绩并不预示未来表现，基金收益有波动风险。基金投资须谨慎，请审慎选择。

进一步计算可以得出，税收递延与非税收递延的收益比值是固定的倍数，这个倍数只与所得税税率有关，与投资期限长短和投资收益率高低没有关系，且税率越高，养老产品越有利。当然，投资期限越长、收益率越高，省下的绝对数也会越高。且如果再考虑到通货膨胀因素，在未来缴纳税收的实际税收负担会比计算值更小。我们从年收入的税率维度做了一个更为简化的表格（见表2.5），方便大家看出个人养老金新政策落地后带来的税收优惠。

表2.5 个人所得税的不同应税额对应的税收递延收益

扣除起征点及其他费用后的应税额	税率（%）	递延收益/非递延收益
不超过36 000元的部分	3	1.000 0
超过36 000元至144 000元的部分	10	1.077 8
超过144 000元至300 000元的部分	20	1.212 5
超过300 000元至420 000元的部分	25	1.293 3
超过420 000元至660 000元的部分	30	1.385 7
超过660 000元至960 000元的部分	35	1.492 3
超过960 000元的部分	45	1.763 6

注：表中递延收益及非递延收益计算方式与上述案例相同，且假设处于该所得税档的投资人按相同方式投入资金，并在相同时间取出，不同之处仅在于递延收益按资金投入时暂不征税，取出时整体收入的25%部分可以免税，其余75%部分按照固定10%的税率比例缴纳个人所得税政策计算；非递延收益按资金当期缴纳个人所得税后投资计算。

资料来源：兴证全球基金。

从海外来看，税收优惠对于美国等国家的个人养老金发展至关重要。从短期来看，虽然政府通过该政策减少了即期财政收入，但在职群体会更积极地参与可以减税的第二、三支柱养老计划，企业养老金计划中企业也会为争取免税而更有动力参与。从长期来看，这样的举措可以有效降低政府的社会保障压力。

养老金投资如何做资产配置？不如向社保基金学习

发展第二、三支柱其实也意味着每个人需要选择合适的金融类养老产品。相信很多人想知道：如何让养老资金在有效升值的同时，也可以适当避免市场波动？

其实，这类养老保障类资产的投资与配置，国家的另一类资金——社保基金，已经是很好的学习样板。和社会保险基金不同，全国社会保障基金由中央财政预算拨款、国有资本划转、基金投资收益和国务院批准的其他筹集资金组成，主要用于人口老龄化高峰时期的养老保险等社会保障支出的补充、调剂，在投资运营上，坚持安全性、收益性和长期性原则。

最新报告显示，2020 年年末社保基金资产总额 29 226.61 亿元。自 2000 年 8 月成立以来，社保基金累计投资收益额高达 16 250.66 亿元，年均投资收益率 8.51%（同期上证综指年化涨幅 2.76%）。不仅如此，21 年的投资运行中，社保基金只有 2 年为负收益（2008年为-6.79%，2018年为-2.28%），即使是沪指跌幅均超过10%的2010年、2011年、2016年，仍实现正收益，可以说是抗波动、高胜率的管理水平了。

社保基金是如何进行投资的？

首先，因社保基金的设立主要着眼于长远目标，所以资金的长期性、稳定性是投资的首要前提。也因此，社保基金将长期投资、价值投资和责任投资的理念明确在其投资理念中。媒体曾统计，截至2020年，社保基金连续持有8年的股票就有24只，可谓做到了投资从理念到执行中的知行合一。

此外，社保基金的资产配置理念也可以作为参考。《全国社会保障基金投资管理暂行办法》中就对投资范围予以明确：银行存款和国债投资的比例不得低于50%；企业债、金融债不高于10%；基金、股票不高于40%。投资要求简单明确，且从2001年发布以来实行至今。这种类似混合基金的配置要求，能够有效减小组合波动，控制潜在的市场风险，更给予了基金充足的权益投资空间以追求长期收益。

年报显示，社保基金2020年收益总额的42%来源于交易类资产公允价值变动收益，也就是所持有的股票、基金、债券（以2020年市场来看，主要为前两者）的价格涨跌；此外，证券差价收入占比约34%，也就是股票、基金、证券卖出后已落袋为安的收益部分。社保基金理事会养老金部主任陈向京曾表示,应正确把握养老金的资金属性,提高权益类资产配置比例。证监会也曾表示,全国社保基金应有更多的投资灵活性,甚至建议将权益投资上限由 40% 提高至 60%。

还有一点很重要——发挥市场专业力量。社保基金中委托外部专业投资机构的资金占比高达 65%,基金公司是其中最主要的承载主体,占七成左右。现在已知的社保基金组合有 95 个,分别由社保基金理事会、17 家公募基金以及两家券商管理,我们在上市公司定期报告中的流动股东里常能看到"全国社保基金 ××× 组合",这些就是社保基金的身影,是不少投资人的风向标,甚至是"抄作业"的方向。

我的养老资产具体怎么配置?谈谈生命周期投资法

为了更形象地描述人们在不同生命时段合适的资产配置方式,我们继续以如风女士和冯寒先生为例,看看处于不同年龄段的他们该如何进行养老资产的配置。

从整个生命周期来看,一个人的总资产其实是包含了他手里的现有资产,以及未来的收入。诺贝尔经济学奖得主保罗·萨缪尔森把手上现有的资产称为金融资产,将未来的收入称为人力资产价值。

对于拥有稳定工作的年轻上班族而言,他们的总资产以未来这笔人力资产价值为主。让我们以如风女士为例,35 岁的她每个月会有一笔相对固定的工资收入，且工资涨幅和持续性都比较稳定，这个很像债券每月较为固定的利息收入，因此，这部分人力资产价值类似于"固定收益资产"。

而55岁的冯寒先生就不太一样了，因临近退休且储备了一些基金，他的总资产是现有的较多的金融资产和较少的人力资产价值。

因此，35岁的如风女士可以将更高比例的资产投入相对高收益大波动的产品，而55岁的冯寒先生需要考虑将收入投入相对波动性较小的产品。

为什么这么说呢？人生资产的理论是，分散投资不仅是关于资产类别的分散，通过拉长时间来分散风险也是非常重要的。

对于较为年轻的如风女士来说，由于未来稳定收入（固定收益资产）占比较大，所以即使今天将现有资金全部投入风险收益相对较高的金融产品，整体的风险资产投入占总资产的比例也并不高，所能承受的波动是更大的。不仅如此，年轻人还可以通过拉长时间来平滑波动，就算遭遇了损失，也更容易通过往后诸如更努力地工作，或缩减消费等手段来进行调整。

但对于已经临近退休的冯寒先生来说，波动相对较小的投资方式是更为可行的。因为总资产中金融资产的比重非常大，所能承受的波动和风险就会有所下降，同时在时间维度上也较难平滑波动。

《生命周期投资法》的作者伊恩·艾尔斯与巴里·纳莱巴夫认为，一般人的收入会随着工龄而不断上涨，到50岁左右的时候达到顶峰，随后开始下降直到退休。因此书中估算，一名 30 岁的普通员工所有未来收入的现值之和，大约是其当年收入的 30 倍。

表 2.6 所展示的是不同年龄的投资人应采取的投资方案。

表 2.6 不同投资方案下的人生资产配置

	现有财富	未来收入	手中财富 80% 投向权益市场	手中财富 50% 投向权益市场	手中财富 20% 投向权益市场
20 岁	10%	90%	8% 权益 + 92% 固收	5% 权益 + 95% 固收	2% 权益 + 98% 固收
60 岁	90%	10%	72% 权益 + 28% 固收	45% 权益 + 55% 固收	18% 权益 + 82% 固收

当然，这些都是一般性的理论分析，投资还是要综合考虑自身的具体情况以及风险状况。如果对风险比较敏感，高比例的权益投资会让你睡不好觉，甚至影响正常的生活。还是建议大家降低高风险资产的比例，并在此基础上贯彻随着年龄的增长而逐渐递减权益投资比例的原则。毕竟，生活健康才是最重要的。

"抄一抄"社保基金，让养老投资更简单一点

如果参考社保基金的投资方案，在投资方案中增加一定权益资产的占比，又会变成怎样呢？让我们回到本书开头的案例，为方便理解，我们稍作简化——每个人的年龄我们取整数，而且都

在 65 岁退休，大家都有 35 年的退休时光（见表 2.7）。

表 2.7　不同年龄段人群在退休期间的所有开支估算

目前年龄 （假设 65 岁退休， 拥有百岁人生）	退休时单月生活开支 （相当于现在的 3 000 元）	退休期间所有开支 （相当于现在的 3 000 元 / 月）
25 岁	9 786.11	7 197 373.06
30 岁许戈先生	8 441.59	6 208 517.23
35 岁如风女士	7 281.79	5 355 521.50
40 岁若然女士	6 281.33	4 619 719.89
45 岁	5 418.33	3 985 010.96
50 岁	4 673.90	3 437 505.46
55 岁冯寒先生	4 031.75	2 965 222.41
60 岁	3 477.82	2 557 826.89

为帮助理解，我们以过往 4 年中证 FOF 基金指数平均年化回报 7% 来简化模拟[1]。按分期计算公式，退休前每月补充养老储备金额 = 最终总金额 × 月投资利率 /（1+ 月利率）$^{n-1}$，你可以通过 Excel 年金公式 PMT（月投资回报率）快速计算（见表 2.8）。

---

[1] 风险提示：自有数据的 2018 年 2 月 22 日起至今（截至 2022 年 6 月 30 日），中证 FOF 基金指数的年化收益率为 7.2%（为方便后续理解和计算，简化为 7%）。我国资本市场和基金运作时间较短，因此以代表全市场 FOF 基金平均表现的中证 FOF 基金指数历史 4 年平均表现作为参考，不代表未来真实收益水平。为便于读者理解，对于未来的模拟测算为简单复利计算，仅供参考。基金投资有风险，请谨慎选择。

表 2.8　不同年龄段人群养老投资方案参考

目前年龄（假设 65 岁退休，拥有百岁人生）	退休期间所有开支	若退休时一笔提取现在每月需定投金额	若退休后继续投资现在每月需定投金额
25 岁	7 197 373.06	2 912.10	916.96
30 岁许戈先生	6 208 517.23	3 627.71	1 142.29
35 岁如风女士	5 355 521.50	4 579.51	1 442.00
40 岁若然女士	4 619 719.89	5 899.71	1 857.70
45 岁	3 985 010.96	7 851.68	2 472.34
50 岁	3 437 505.46	11 049.35	3 479.22
55 岁冯寒先生	2 965 222.41	17 335.24	5 458.52
65 岁	2 557 826.89	35 926.63	11 312.58

如果 35 岁的如风女士希望在 65 岁退休后过上惬意的生活，就需要在退休前积累 462 万元补充养老金。经过测算，退休前 30 年里每月投资 4 600 元或许能实现。

就像申购基金时，很多人通常不会一笔直接买入，而是选择定投的方式。退休后，或许你也不会一次性将养老账户中的资金全部取出，而是每阶段按需求"定取"相应的生活费，剩余资金在账户内继续投资。如果按照这样的方式，那在工作期间定期投入的金额就会少很多。按此测算，如风需要准备的金额只有原来的 1/3，仅有 1 442 元，其中的 1 000 元部分还能享受税优政策。

另外，在此要特别指出的是，这个定投的金额在目前的测算中是始终不变的。如风女士每月定投的 1 442 元，相当于现在每月 3 000 元中的 1/2，但是在她退休时，这 3 000 元的购买力已涨到7 200元,而每月定投的金额还是1 442元。可见,当你的退休生活日益笃定时,你每月储蓄的压力也在逐渐减少。

我们也能发现,越早准备,你每月的投入就越少。时间是把双刃剑,它会放大通货膨胀的影响,但如果有较好的财务规划,也会将投资的正向效应放大。

▲ 小贴士

海外的主权财富基金、社保基金怎么投资?

高权益投资占比的挪威养老基金经验

全球最大的主权财富基金——挪威养老基金(GPFG)于2022年年初发布了2021年投资业绩。2021年挪威养老基金实现回报14.5%,基金资产规模高达12.34万亿挪威克朗,约合人民币近9万亿元。GPFG有非常鲜明的特征,权益资产占比在70%以上,覆盖全球优质资产。我们以GPFG 2021年年报为例(见表2.9)。

表2.9 挪威养老基金2021年度资产配置情况

资产	覆盖范围	占投资组合比例(%)
股票	70个国家,9 338家公司	72.0
固定收益	50个国家,1 365只债券	25.4
房地产	14个国家,885处房产	2.5
可再生能源基础设施	1个国家,1个风电场项目	0.1

资料来源:GPFG 2021年度报告,https://www.nbim.no/,截至2021年12月31日。

从我们的传统思维习惯出发，GPFG 作为一只养老基金，是"保命"的钱，其风险资产的比重过高，可能会让养老金资产面临缩水。但实际情况恰恰相反，GPFG 的长期业绩表现不俗，年化收益为 6.62%（1998—2021 年，见表 2.10）。

表 2.10 挪威养老基金过去 20 年投资收益表现 （%）

几何年均回报	2021 年	过去 5 年	过去 10 年	过去 15 年	成立以来
投资组合回报	14.51	10.19	9.70	6.87	6.62
业绩比较基准	13.77	9.89	9.45	6.73	6.35
超额回报	0.74	0.30	0.25	0.14	0.27
通货膨胀	5.20	2.23	1.77	1.93	5.20
净实际回报	8.81	7.74	7.74	4.78	8.81

资料来源：年度报告，https://www.nbim.no/，截至 2021 年 12 月 31 日。

正如挪威养老基金首席执行官尼古拉·坦根（Nicolai Tangen）此前所言，通胀正成为实现投资回报最大的威胁。

短期波动不能算是亏损，但波动也确实会对养老金资产带来风险，尤其对临近退休的居民来说，养老金缩水是一件相当可怕的事。

整体而言，GPFG 在过去表现出高胜率、风险可控的特征。在过去 24 年中，有 5 个完整年度为负收益，其他年份均为正收益，年度胜率高达 79%；GPFG 的年化波动率为 8.0% 左右，且组合相对基准配置指数的跟踪误差为 0.64%。除

2008年受经济危机的影响出现年度最大亏损−23.31%，整体收益可控（见表2.11）。

表2.11 挪威养老基金及其底层资产历史业绩表现

年份	基金	股票投资	固定收益投资	未上市房地产投资	未上市基础建设投资
2021	14.51	20.76	−1.94	13.64	4.15
2020	10.86	12.14	7.46	−0.08	—
2019	19.95	26.02	7.56	6.84	—
2018	−6.12	−9.49	0.56	7.53	—
2017	13.66	19.44	3.31	7.52	—
2016	6.92	8.72	4.32	0.78	—
2015	2.74	3.83	0.33	9.99	—
2014	7.58	7.9	6.88	10.42	—
2013	15.95	26.28	0.1	11.79	—
2012	13.42	18.06	6.68	5.77	—
2011	−2.54	−8.84	7.03	−4.37	—
2010	9.62	13.34	4.11	—	—
2009	25.62	34.27	12.49	—	—
2008	−23.31	−40.71	−0.54	—	—
2007	4.26	6.82	2.96	—	—
2006	7.92	17.04	1.93	—	—
2005	11.09	22.49	3.82	—	—
2004	8.94	13	6.1	—	—
2003	12.59	22.84	5.26	—	—
2002	−4.74	−24.39	9.9	—	—
2001	−2.47	−14.6	5.04	—	—

（续表）

年份	基金	股票投资	固定收益投资	未上市房地产投资	未上市基础建设投资
2000	2.49	−5.82	8.41	—	—
1999	12.44	34.81	−0.99	—	—
1998	9.26	—	9.31	—	—

注：未上市房地产投资包含2014年1月11日至2016年年底的上市房地产投资。
资料来源：Government Pension Fund Global 2021 年度报告。

虽然GPFG的风险资产占比相对较高，但从历史经验来看，在科学的投资策略的指导下，可以实现养老金长期高胜率、低风险的目标。

以第三支柱为主体的加拿大养老金经验

加拿大是世界上最早开启养老体系第三支柱的国家之一，并且第三支柱已成为最重要的退休金来源。截至2018年年底，第三支柱规模占加拿大养老金总资产规模的88.5%。早在19世纪晚期，就已经出现各式各样的个人退休金计划，但是直到二战后的20年里才开始广泛使用（见图2.3）。

加拿大政府于1957年推出第三支柱私人养老金注册退休储蓄计划（RRSP），鼓励中高收入人群尽早安排个人退休账户，因此在税收方面给予极大的优惠政策，允许税前扣除的限额逐年放大，目前上限是上一年度收入的18%。为了更加广泛地扩大私人养老储蓄的激励范围，2009年加拿大

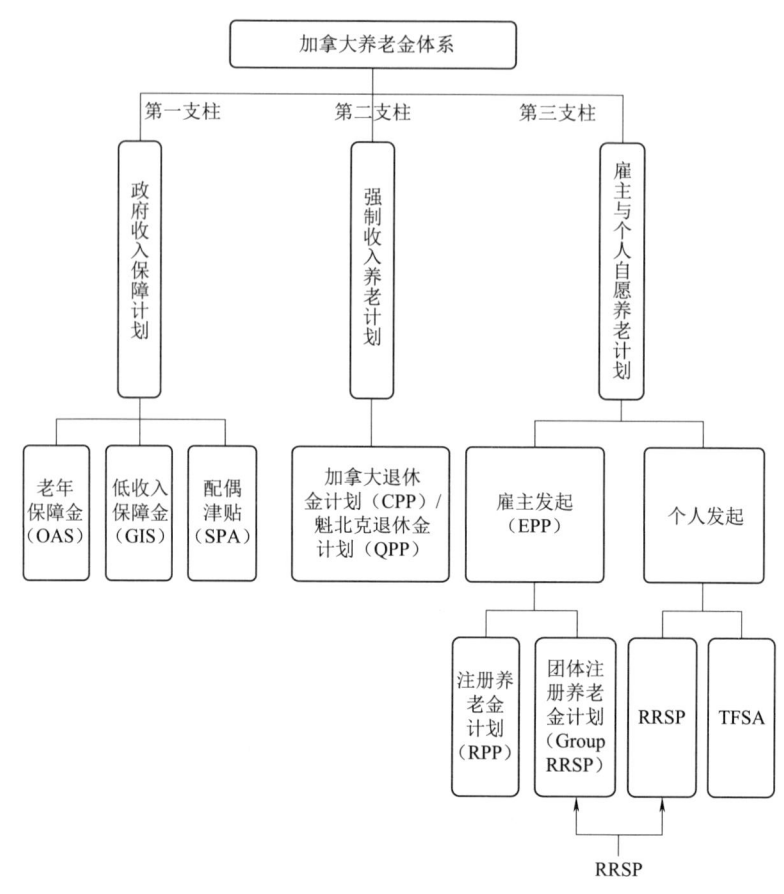

```
                    加拿大养老金体系
                          │
        ┌─────────────────┼─────────────────┐
      第一支柱           第二支柱           第三支柱
        │                 │                 │
      政府收入           强制收入         雇主与个人自愿
      保障计划           养老计划           养老计划
        │                 │                 │
   ┌────┼────┐            │         ┌───────┴───────┐
   │    │    │            │         │               │
 老年  低收入 配偶      加拿大退休   雇主发起       个人发起
 保障金 保障金 津贴     金计划(CPP)/  (EPP)
 (OAS) (GIS) (SPA)    魁北克退休金     │
                      计划(QPP)    ┌──┴──┐
                                 注册养 团体注    RRSP  TFSA
                                 老金   册养老     ↑     ↑
                                 计划   金计划     │     │
                                 (RPP) (Group      │     │
                                       RRSP)       │     │
                                         └─────RRSP┘
```

图 2.3　加拿大养老金体系三支柱构成

资料来源：加拿大政府官网。

政府还推出免税储蓄账户（TFSA），根据收入水平提供不同的激励制度（见图 2.4）。

RRSP 和 TFSA 的投资产品可以由基金公司、保险公司、银行和信托公司提供。合格投资品包括货币、担保投资凭证、政府债券、公司债券、共同基金、公司分红以及其他在股票

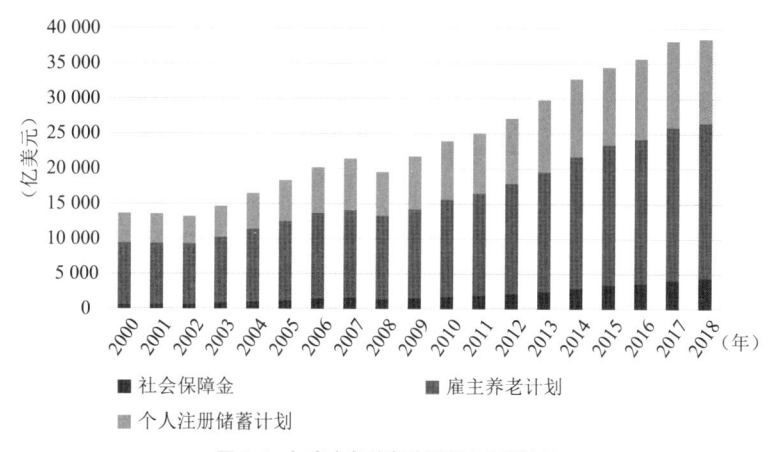

图 2.4 加拿大各养老计划资产市值比较

资料来源：加拿大政府官网。

市场上可以交易的证券，其他为非合格投资品。

宏利资产的研究报告显示，截至 2015 年年末，RRSP 投资仍以公募基金为主，并且呈现上升状态，占比达到 52%；其次是个人自主投资，投资范围包括股票、债券、公募基金等，占比约为 25%；再次是定期存款、年金保险、信托、加拿大储蓄债券等（见图 2.5）。TFSA 在公募基金和股票债券方面的资产配置相对较少，分别为 35% 和 29%。

投资品种丰富的英国私人养老金经验

英国的养老金制度体系历经百年的改革发展，成为现行的三支柱养老金体系：国家养老金（State Pension）、职业养老金（Workplace Pension）和个人养老金（Personal Pension）。其中，职业养老金与个人养老金统称为私人养老金（Private Pension）。

图 2.5 RRSP 资产配置

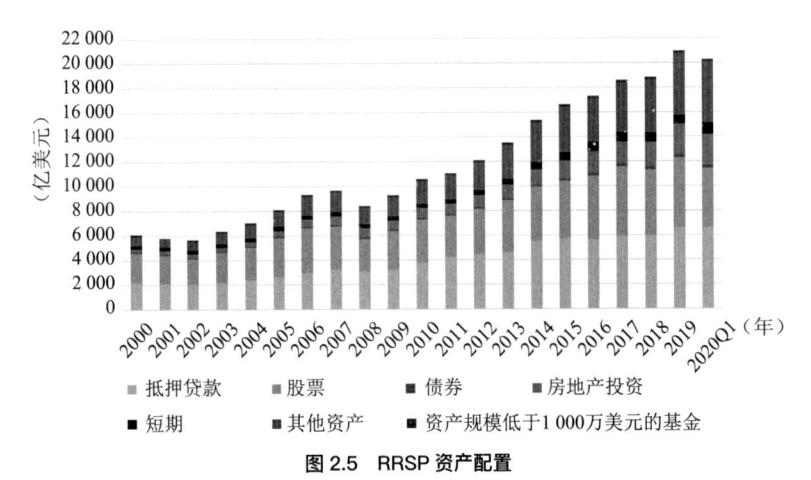

注：资产规模小于 1 000 万美元的基金没有披露资产配置。
其他资产包括外国投资、杂项集合投资、应计收益和应收账款。
资料来源：加拿大国家统计局。

英国养老金体系以第二支柱为主导、第三支柱为支持，目前第三支柱逐渐向第二支柱进行靠拢。根据英国国家统计局数据，2016—2018 年间，英国第二、三支柱养老金总规模为 6.1 万亿英镑，约占英国总财富的 42%，与 2006—2008 年占比总财富 34% 相比，有所提升[1]。

富有里程碑意义的改革之一，是 2012 年 "自动加入" 机制的引入。该机制赋予第二支柱职业养老金以一定强制性，规定雇主有义务将符合条件的员工[2]纳入职业养老金计划中，并同时设立配套机构——养老金计划提供商 NEST（国

---

[1] 资料来源：https://www.ons.gov.uk/.
[2] 符合条件的员工指年满 22 岁、未满国家养老金领取年龄，且年薪超过 1 万英镑的雇员。

家职业储蓄信托），为中小企业提供简单、收费低廉且高质量的职业养老金管理服务，来支持政策的落地。NEST 也与其他养老金计划运营商共同参与市场竞争，提供养老金管理服务。

英国于 1986 年颁布《社会保障法》，引入个人养老金计划，由保险公司等金融机构负责设计方案并提供给个人进行选择。个人养老金计划普遍采取捆绑式的合作方式，即选择单一运营商提供管理、投资和治理服务。运营商推出各类基金产品，以及满足各种特定投资需求的投资方案组合供选择。

英国的个人养老金计划主要有三种类型。（1）自主投资式个人养老金（Self-Invested Personal Pension，简写为 SIPP）：由个人发起并管理，投资人可自行进行资产配置，投资范围广，最低投资额度可至每个月 50 英镑，并且根据投资额度可享受不同等级的返税投资额度。（2）利益相关者养老金（Stakeholder Pensions，简写为 SP）主要面向自雇和失业人员，由政府管理，是 DC 型的低费率和低缴费养老金，最低投资额度可至每个月 20 英镑，前 10 年每年收取费用不超过账户价值的 1.5%，此后不超过 1%，该计划旨在通过提供更加透明和有吸引力的储蓄工具以鼓励中低收入人群增加长期养老储蓄。（3）团体个人养老金（Group Personal Pensions，简写为 GPP）由雇主发起，通过集合的形式将雇员纳入养老金提供商的养老金计划中，部分企业会将 GPP 作为第二支柱职业养老金以外的额外员工福利（见表 2.12）。

表 2.12 英国的个人养老金计划类型

	自主投资式个人养老金（SIPP）	利益相关者养老金（SP）	团体个人养老金（GPP）
发起人	个人	个人	企业
投资范围	大	小	中等
管理费	不同类型之间有差距	低	中等
管理人	市场机构	政府	市场机构

资料来源：Redington Ltd，中国保险资管协会。

英国的第三支柱个人养老金计划包括个人养老金、养老储蓄和个人寿险等。个人可自愿选择，且待遇水平与投资额度相关。除了第一支柱，英国的第二和第三养老金都可投资于股票、债券，甚至艺术品和外国期权等资产。例如，SIPP可投资的资产包括英国以及海外股票、未上市股票、信托计划、房产以及土地保险债券等，甚至可以发行抵押贷款用于支持购买房产。

深度老龄化下的多支柱多层次日本养老金经验

第一支柱：日本最早的养老金制度可追溯到明治维新时期对于军人及官吏的福利政策。1985年，日本陆续通过《国民年金法》、《厚生年金法》和《共济年金法》修正案，完成国民年金的整合，建立全民适用的基础年金制度，构筑了以国民年金（基础年金）为基础，以厚生年金和共济年金为辅的第一支柱。在20世纪90年代经济泡沫后，日本的养老金制度进行了持续完善，包括延后退休年龄、调高缴费、降低给付水平等。

第二支柱：2002年，日本也借鉴美国401(k)计划的经验，通过了《缴费确定型年金法案》，雇员可同时参加DB计划和DC计划。目前DB计划仍占企业养老金计划的大多数，但是许多企业已开始由DB型企业年金开始向DC型转型。这构成了日本养老金体系的第二支柱。

第三支柱由两部分构成，分别是个人缴费确定型养老金计划（iDeCo）和日本国民年金基金（NISA）。iDeCo为居民自愿加入，向特定运营管理机构缴纳保险金，自主选择产品，投入账户内的资金、产生的投资收益以及按照年金的形式领取福利金也可以享受免税待遇。从2018年起，部分中小企业雇主对参加iDeCo的雇员提供缴费帮助，旨在减轻中小企业员工缴费压力。可以看到，iDeCo与美国的401(k)计划高度相似，但由于其由个人发起，故归入第三支柱中。NISA类似于美国的IRA，是具有税收优惠的个人储蓄账户，目前包括了一般个人储蓄计划、少年储蓄计划（Junior NISA）和小额累计投资免税计划（Tsumitate NISA）三种模式。

日本的养老金体系中，第二支柱为主力，第三支柱规模占比则逐渐增长。2020年，第二支柱规模占比为86.2%，第三支柱规模上升至13.8%（见图2.6）。

第二支柱和第三支柱的投资结构的区别主要在于保险类资产和信托类资产的配比。第二支柱资金为追求高收益，配置

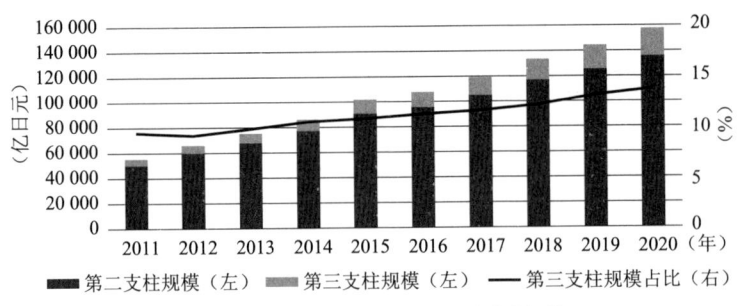

图 2.6 日本第二及第三支柱养老金资产规模

注：统计时间点为每年 3 月末。
资料来源：日本国家养老基金协会官网。

了更多的信托资产。近年来，第三支柱资产配置结构有向第二支柱靠拢的趋势，即减配低风险的保险资产（见表 2.13）。

表 2.13 日本第二支柱与第三支柱投资方向 （%）

资产类别	2017 年		2018 年		2019 年		2020 年	
	第二支柱	第三支柱	第二支柱	第三支柱	第二支柱	第三支柱	第二支柱	第三支柱
银行存款	35.6	38.6	34.7	37.3	34.4	36.0	36.1	36.0
保险	18.0	26.0	16.8	22.8	16.2	19.9	15.6	18.0
投资信托（基金）	46.1	35.1	48.2	39.5	49.0	43.7	48.1	45.5
其他	0.3	0.4	0.3	0.3	0.4	0.4	0.2	0.5

资料来源：日本国家养老基金协会官网。

值得一提的是，从 2004 年起，日本进行了一系列公共养老金制度改革，主要目标是削减 500 万亿日元的潜在养老金债务，其中包括提高了公务员、教师的缴费率。此外，政策将养老金领取资格的最低缴费年限由 25 年缩短为 10 年，对于低收入人群以及养老金领取额较低的老年人给予福利发放。不难发现，日本财政在老龄化、少子化、经济形势低迷的社会现状下，面临着巨大压力。

简单实操，定制一份养老理财规划

经常有人说：我也深刻意识到提早进行养老准备很重要，之所以迟迟没有开始，是因为不知道从何下手。接下来，我们提供了一个"五步退休规划锦囊"，用更简单可行的投资方法，从零开始做好养老理财规划。

五步开启你的养老理财规划

步骤一：明确目标，想清楚自己想过什么样的老年生活。

在这里为更形象地理解，我们以冯寒先生为例，进行大致测算。首先，计算当前家庭每月维持日常生活的开销，剔除子女教育、房贷利息等支出，因为退休后大概率无须再承担这些费用了。

55 岁的冯寒先生一家三口现在每月家庭生活开支人均 3 000

元，希望退休后维持当前的生活水平，到 65 岁退休时全年生活费预计为 $6\,000 \times 12 \times (1+3\%)^{10} = 9.68$ 万（通胀率设为 3%，退休时孩子也已经独立，这里简化为 10 年时间），另外他们还希望每年有 5 万元的其他开支，包括旅行预算、家电更换等，因此年度总开支为 14.68 万元（见表 2.14）。

表 2.14 冯寒先生家庭预计退休时每年总开支

项目	金额	备注
家庭每月开支（当下购买力）	6 000 元/月	2 人家庭，每人 3 000 元/月
家庭每年度开支（退休时）	96 761.99 元/年	3% 通胀水平，10 年后退休
家庭每年度额外生活开支	+50 000 元/年	2 万元旅行费用，3 万元其他开支
退休时全年家庭生活费	=146 761.99 元/年	3% 通胀水平，10 年后退休

步骤二：算一算自己能领到多少退休金。

冯寒先生夫妇二人当前月工资总计为 3 万元，生活在福州，预计年薪涨幅为 5%，据测算，其家庭退休金总额约每月 1 万元，家庭全年退休金收入为 12 万元。

这里介绍一个简单测算的工具——兴证全球基金开发的养老计算器。借助该工具，根据你工作的城市、性别、年龄等定性指标，以及你的目前薪酬、预期工资增长率等指标，还有你所在地域在岗职工月均工资、国家养老金积累规则等，可以估算出你退休后能够领取的社保账户养老金和理想养老金金额（见图 2.7）。

这里没有考虑老年医疗费用的增长。为了应对疾病风险，也可以考虑购买保额充足的医疗险，用小资金撬动大杠杆，提前锁定生

图 2.7 个人养老计算器示例

病后的大额治疗费用,这样就无须为疾病额外预留太多资产了。

步骤三:算一算退休前需要准备多少资产。

一般来说,退休后失去收入来源,风险承受能力降低。因此,我们假定退休后主要投资于收益稳健、有持续现金流的金融产品,可以采用国债实际收益率(目的是剔除通胀影响)将退休后每年的预计支出贴现到退休当年,测算需要提前储备多少资产。

我们继续对冯寒先生进行测算。根据前面计算的开支需求,在冯寒先生65岁退休那年,家庭还有2.68万元(14.68-12)的缺口需要自行补足。

夫妇二人退休后每年需用养老资产弥补的开支是2.68万元(不考虑65岁以后的通胀率),假设两个人的预计寿命是100岁,按照3%的通货膨胀率贴现,则两人在65岁那年需要储备在手的养老资产规模是 162 万元。另外，他们还希望留给孩子 300 万元的资产，以及 200 万元的医疗费用，因此在 65 岁那年需储备 662 万元的资产（见表 2.15）。[①]

表 2.15 冯寒先生家庭预计退休前需储备的资产数额

项目	金额	备注
储备的退休养老资产	1 620 000 元	2.68 万元/年，3% 通胀率，35 年
给孩子的支持	+3 000 000 元	—
医疗费准备	+2 000 000 元	—
需储备的总资产	=6 620 000 元	—

步骤四：盘点一下自己的现有资产和未来收入。

怎样才能在退休时积累足够的养老资产呢？一方面，到退休可能还剩数十年的工作时间，我们可以在这段时间内创造收入。另一方面，现有资产和未来收入都可通过投资实现增值。但需要注意的是，不同生命阶段的投资者会面临不一样的境况。

步骤五：根据自己的收益风险目标，选择合适的产品。

需要考虑的问题包括：距离退休的时间、现有资产、预计未来收入水平、目标养老开支等。其中，目标养老开支越大，对应的目标收益也会越高，从而需要更高权益比例的资产来匹配。同时，距离退休时间越久，资产储备越多，预计的未来收入越高，

---

① 162 万可使用前文的等差数列公式计算，也可以在 Excel 中直接输入公式"=FV（3%，35%，-2.68 万）"。

投资人的风险承受能力也会越高。

测算中，冯寒先生已积累了 200 万元的存款，预计在剩余 10 年的工作中，双方净收入（收入 – 开支）每年可以积累近 20.2 万元，而他们在 65 岁那年需储备 662 万元，根据测算，实现这一增值目标需要约 6.78% 的年化收益率的投资（见表 2.16）。

表 2.16　冯寒先生家庭预计退休前投资的年化收益率

项目	金额	备注
需储备的总资产	6 620 000 元	—
目前已经积累资产	2 000 000 元	—
每年积累	202 000 元	年收入 36 万元，减去开支 每月人均开支 3 000 元，年度家庭额外开支 5 万元
参考目标收益率	6.78%	期初投资 200 万元，每年投资 20.2 万元 为方便计算，可以直接在 Excel 中运用公式： =RATE(投资期数 , – 每期投资金额 , – 期初投资金额 , 期末总金额) =RATE(10,–20.2,–200,662)

冯寒先生夫妇二人距退休还有近 10 年，现有资产和未来收入均较为可观，因此完全可以承受较高的风险，加上他们理想中的目标年化收益率为 6%，也需要投资于更高风险的资产以提高长期收益。

在前文提到的养老计算器中，你可以根据所期待的养老投资年化收益率，开始你的投资规划：通过调节你意向期初首笔投资金额和每月投资比例等定量数据，生成未来每月预期总收入，这也是理想中的"新增养老金"部分。

你可以直接获取未来领取的养老金数额,再结合退休后的开支需求,计算出需由其他养老资产来弥补的费用缺口。当然,计算器会很直白地显示出现有养老金与理想的差值(见图2.8)。

```
距离你的理想生活每月还差                                    7346元

您期望的养老投资年化收益率是: 7%
0%                                                    20%

根据以上收益率,投资规划建议如下:
首笔投资: 30000元
0                                                    500000

每月工资定投比例: 3.97%
0%                                                    100%

            持续投资40年,退休后每月预计新增养老金6065元
退休后每月养老金
退休后每月理想养老金

■ 现有养老金: 7870元    ■ 新增养老金: 6065元    ■ 理想养老金: 15216
```

图2.8　用养老计算器测算举例

注:此为养老计算器截图,数字仅供参考。

还需要补充的是,养老计算器以及模拟的逻辑与计算结果只是一种模糊的正确,仅作为参考。我们更希望养老计算器提供的是一种简便的计算和简易的逻辑,同时也建议你所选取的预期收益率符合你的投资偏好、市场实际情况等。

🔺 小贴士

20 岁的我正打算养老，怎样才是理想的收益水平？

不同年龄段的养老目标投资者应该有不同的风险承受能力。

假设你一直是权益投资的坚定拥护者，一直将所有的养老积蓄都投资于股票市场。但65岁退休前的那天，股票市场遭遇了一次少有的大跌，你过去40多年的养老积蓄可能一夜间打了水漂。而你自己接下来也没有固定的工作收入来源，即使有等待市场回暖的时间，也没有了继续重仓股市的勇气。因此，随着投资者的年龄越来越大，其承受风险的能力也会不断下降，因此，养老投资的配置也需要随着年龄改变。

有一个简单的公式：

权益资产配置比例 =（100 − 你的年龄）× 100%

55岁的冯寒先生，就应该将45%的资产配置于权益资产，如股票、偏股基金等，剩余55%的资产配置于债券、债基、理财产品等中低风险资产。

其实，专业机构也差不多是这么操作的。图2.9是1996年美国首只目标日期基金（TDF）发行时，根据投资者年龄调整的资产配置情况。可以看到，20岁的投资人持有的基金产品中，会有90%的比例都投资于股票资产，而这个比例会一直下降到 80 岁时的 20%。同时，这 60 年里，债券资产也会从 10% 一直增加到 80%。

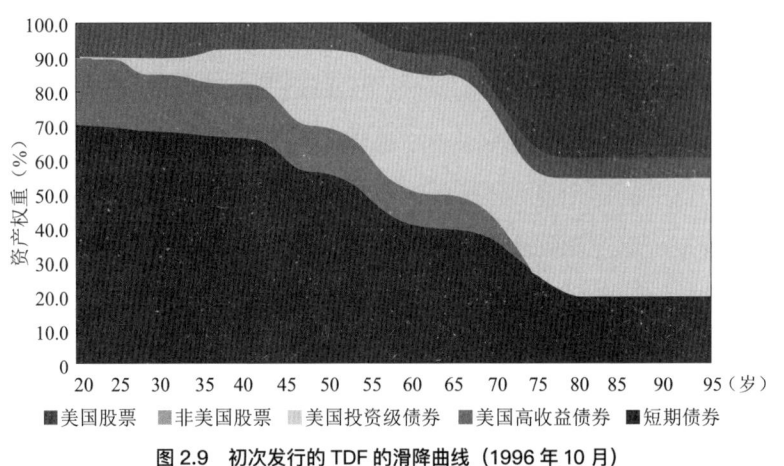

图 2.9　初次发行的 TDF 的滑降曲线（1996 年 10 月）

注：1996 年 10 月，富达在美国首次发行 TDF，也称作 Freedom Funds。

资料来源：富达投资，1996 年。

我们参考这张图，也对不同年龄的情况拟定了参考投资配比，同时，我们按照过去 10 年里分别代表股票市场和债券市场的沪深 300 指数及中证全债收益表现，拟合了参考收益率。当然，该数字仅为历史测算，只是希望给你一个更直观的感受，不代表投资的未来表现（见表 2.17）。

表 2.17　不同年龄投资者的参考投资配比与参考收益率

目前年龄（岁）	离退休年数（年）	参考投资配比	参考收益率（%）
25	40	90% 权 +10% 债	7.63
30	35	85% 权 +15% 债	7.47

（续表）

目前年龄	离退休年数	参考投资配比	参考收益率
35	30	85%权+15%债	7.47
40	25	80%权+20%债	7.30
45	20	75%权+25%债	7.14
50	15	70%权+30%债	6.98
55	10	60%权+40%债	6.65
60	5	50%权+50%债	6.32
65	—	50%权+50%债	6.32
70	—	40%权+60%债	5.99
75	—	30%权+70%债	5.66
80	—	20%权+80%债	5.34

注：计算方式为假设投资组合以不同比例投资于股票资产（以沪深300指数为例）和债券资产（以中证全债指数为例），分别计算2012年1月1日起持有至2021年12月31日的模拟组合年化收益率。模拟测算结果仅供参考，历史数据测算不代表未来收益表现，基金投资需谨慎。

资料来源：万得资讯。

个人养老金投资常见金融品种有哪些？

接下来，我们该如何选择适合自己的养老投资类产品呢？

《个人养老金实施办法》中规定，参与人可以自主选择购买符合规定的储蓄存款、理财产品、商业养老保险、公募基金等金融产品（以下统称个人养老金产品），实行完全积累，按照国家有关规定享受税收优惠政策。

多元化养老产品体系

为了满足不断增长的个人养老需求,我国已逐步形成了多元化的养老产品体系,涵盖银行、公募基金、保险、信托等不同类型的养老金融产品,接下来我们简明介绍各类个人养老产品的优势。

银行养老产品:储蓄存款、理财产品——操作便利、稳健保值

中国的银行养老产品起步较早,2007年便推出了银行养老理财产品,整体操作便利。目前银行养老产品主要分为养老储蓄产品和养老理财产品。其中养老储蓄产品以"整存月取"的年金形式为主:一次存入一笔资金,之后每月自动获取约定金额。2018年《关于规范金融机构资产管理业务的指导意见》,即"资管新规"发布后,银行理财子公司设计的养老理财产品会具有相对较长的产品持有期,并设立不同的业绩比较基准下限,来满足不同的养老需求。

除了养老产品,银行也会基于投资者自身的特殊性,提供对应的养老服务金融。例如针对现金流较低,但具有房产的老年人,银行会提供给对方"住房反向抵押贷款",为有特殊需求的老年人提供了更为丰富的养老选择。

保险养老产品:产品设计成熟,注重保障功能

目前,保险业在第三支柱市场的主要产品包括:商业养老年金保险、个人税延商业养老保险、专属商业养老保险、个人养老保障管理产品。

商业养老年金保险被保险人在固定时间段内定期定额交纳一定的保险费以后,就可以从一定的年龄开始领取养老金,领取方式包括定额领取、定时领取或一次性趸领三种方式,具有缴费方式灵活、领取期限较长、领取金额相对较高的特征,更为契合养老需求。

此外,专属商业养老保险具有最低收益保证,在积累期提供投资组合转换功能,在领取期可衔接养老、照护等服务,领取时可转化为年金支付。这类产品目前也还在探索阶段,运行中采取了"保底收益+浮动收益"的混合收益模式。

基金养老产品:风险-收益特征清晰,注重投资增值功能

作为一种年轻的公募基金类别,2018年,国内首批养老目标基金成立。目前中国养老目标基金已运作4年,整体发展较快。截至2022年三季度,国内共成立养老FOF基金188只(主代码口径),总规模为944.71亿元[①]。目前,我国养老目标基金均为FOF的形式,根据不同的养老目标,分为目标风险型、目标日期型两大类。

- 目标风险型:根据特定的风险设定来决定不同风险资产的配置比例,通常来说目标风险型养老FOF按照权益仓位高低分为稳健策略、平衡策略、进取策略等不同目标风险类型。
- 目标日期型:以投资者退休日期为目标,根据不同投资者生命阶段风险承受能力进行投资配置的基金,例如计划2025年退休的投资者可以考虑目标日期2025年的养老FOF。

---

① 资料来源:银河证券。历史业绩不代表未来表现,基金投资需谨慎。

养老目标基金的风险收益特征清晰。一般情况下，风险等级越高的产品，往往会有更高的预期收益、预期波动和预期风险水平，有助于更好地满足不同风险偏好养老投资者的投资需求，养老 FOF 基金也逐渐获得越来越多个人投资者的认可。截至 2022 年中报，根据基金半年报统计，公募养老 FOF 基金的持有人户数已从 2018 年年末的 77 万人攀升至 293 万人。

中国个人养老主要产品的优势

中国个人养老主要产品的优势详见表 2.18。

表 2.18 中国个人养老主要产品优势比较

金融行业	核心优势	产品类型	产品特色
银行	操作便利、稳健保值	储蓄存款	保本保息，因个人养老金账户开立在银行，更为便捷
		理财产品	产品表现较为稳健，也同样较为便捷
保险	产品设计成熟注重保障功能	商业养老年金保险 个人税延商业养老保险 专属商业养老保险	前两者为收益确定型，后者为保本保收益型，大型保险公司有较全面的养老服务场景
基金	专业投资能力强调增值功能	目标风险基金 目标日期基金	更注重专业投资优势，可根据自身的投资风格偏好或退休日期选择

观念比产品更重要

事实上，在精挑细选养老产品之外，形成正确的养老观念，能帮助我们在养老道路上走得更远。在迈出养老投资第一步之前，我们更应该先从自己出发，形成一种更加长期、更加成熟的养老观念。

养老是一辈子的事，长远的事更值得我们用心规划。我们应该将长期投资的理念贯彻到养老投资的每一步。淡化一时的短期波动，拉长投资期限，也许可以帮助我们更好地追求来自时间的红利。在了解自身生命周期特征和风险偏好的情况下，选择那只真正适合自己的养老产品。

> **🔺 小贴士**
>
> **个人养老金如何买基金？政策要来了！**
>
> 2022年11月4日，证监会正式发布《个人养老金投资公开募集证券投资基金业务管理暂行规定》（以下简称《暂行规定》）。个人养老金投资基金的正式落地，关系到14亿人的养老钱，所以此次证监会发布的《暂行规定》相当审慎，做了很多细节的安排，重要看点包括以下三个。
>
> 第一，可投基金类型。试行阶段，优先纳入近4个季度末规模不低于5 000万元或者上一季度末规模不低于2亿元的养老目标基金；全面推开后，再逐步纳入投资风格稳定、投资策略清晰、运作合规稳健且适合个人养老金长期投资的股票基金、混合基金、债券基金、普通FOF和证监会规定的其他基金。这一名录将由证监会确定，每季度进行发布。

第二，费率优惠情况。个人养老金账户投资的基金份额不得收取销售服务费，可以豁免申购限制和申购费等销售费用，同时对管理费和托管费实施一定的费率优惠。

第三，鼓励定投、长期持有。基金销售机构应当主要以定期投资等方式引导投资人长期投资。此外，鼓励基金管理人在信息充分披露的前提下，做出以下安排：(1) 将分红方式设置为红利再投资；(2) 设置定期分红、定期支付、定额赎回等机制；(3) 在运作方式、持有期限、投资策略、估值方法、申赎转换等方面另有其他安排。

此外，《暂行规定》对基金公司、销售机构的资质、内部管理体系、考核制度也做了许多严格规定。整体而言，通篇重点有二：一是保障养老资金运作安全，二是强调向投资者充分让利。

同时，个人养老金制度将对金融业态产生重大、深远的影响。

从美国经验来看，自1978年养老金入市以后，美股迎来了二十多年的牛市，如今，美国的养老金规模已经达到28万亿美元，其中无论是个人养老金账户还是企业养老金账户，都有60%左右的规模投资于权益类资产。养老目标基金的存续时间长，缴费稳定持续，资金具有长期投资的属性，是资产管理行业非常重要的资金来源之一。

依据中信证券研究报告中的测算，我国2021年缴纳个税的人数为7 000多万，根据个人养老金账户一年12 000

元的缴纳上限额度，若顶额计算，将带来每年 8 400 亿元的增量资金，若按平均每人 75% 的投资比例假设，也将带来一年 6 300 亿元的增量资金。未来，国家将根据经济社会发展水平和养老保障体系发展情况等因素适时调整缴费上限。我们相信，新增的个人养老资金，将为资本市场提供源源不断的长期资金来源，助力资本市场健康发展。

此外，从赚钱效应的角度来看，养老资金具有长期属性，这解决了一个长期困扰基金行业的痛点，就是基金投资短期化，追涨杀跌，基民盈利体验差。养老目标 FOF 产品，有机会让基民真正体会到长期投资的魅力和专业投资的价值，并从中获得实实在在的回报。

小贴士

自动加入机制，"为明天储蓄更多"

就如此前所说，许多人认为 401（k）计划是美国养老金资产发展历史上的里程碑，但这项计划也并不是一帆风顺的。

起初，对普通雇员来说，401（k）计划是不强制将一部分税前工资存入私人养老金账户的。另外，美国民众经历过 20 世纪 70 年代股债双杀时期，对复杂的金融产品望而生畏，不少人因选择了错误的养老金融产品，导致回报大幅降低。

更为严重的是，在推行401（k）计划后，美国大公司职工将自己的养老基金中约1/3的资金投入本公司的股票，这给许多美国雇员埋下了隐患。2001年12月2日，世界第一大能源交易商美国安然石油天然气公司宣布破产，同时破产的还有大批以美国"401（k）"养老保险基金途径投入安然公司股票的员工，他们的养老金也荡然无存。

在此困境之下，《2006年养老金保护法案》（QDIA）出台。QDIA推进了两项影响深远的制度：一是自动加入机制，二是合格默认投资选择工具的运用。前者大幅提高了私人养老金账户的参与率，后者大幅提高了雇员养老金投资效率。

谈到自动加入机制，就不能不提到2017年诺贝尔经济学奖得主理查德·塞勒。2002年，塞勒与加州大学洛杉矶分校的行为经济学家贝纳茨提出了自动升级（Automatic Escalation），也就是"为明天储蓄更多"（Save More Tomorrow）计划。这个计划的创新之处并不仅仅在于提出了自动加入储蓄的想法，还在于要让在职者默认同意未来将储蓄额增加1%，即从现在起逐年增加储蓄额。

这一理论基于塞勒对人类行为的观察与研究。例如，人们往往偏好当下，认为"钱包很紧，退休很远"，因为懒惰而拖延养老金的缴款。塞勒使用"计划者－执行者模型"展示如何分析自我控制的问题。简单地说，就是"助推"强制性扣款。

现在的你，对于养老金和养老金融产品或许已经有初步的了解。接下来，我们会着重介绍适合普通个人养老投资的金融产品——养老公募基金品种，我们不希望这部分成为你眼中的广告，更希望展示产品投资运作背后的逻辑和思考。

第三章

养老目标FOF，养老金投资界的新势力

我今年双十二马上结婚，婚后希望老婆找到一份不那么
辛苦的工作，没有晚班，也希望她加入基金投资养老的行列。
未来一起生育两个孩子，努力把他们养育成人，送入大学，希望孩
子有能力照顾好自己，在社会上独当一面。未来我也要好好工作，坚持
储蓄和基金定投，做好一家人的未来生活准备，更要坚持学习，有技能傍身。
——@葛先生

我想开一家不需要考虑客流的花茶店，
在冬日暖阳的下午，
偶有好友来串门，
坐在门外的靠椅，
看着背着书包走过的学生……
回忆过去，享受当下。
——@陈女士

基金难养老？快走出你的认知误区

中国的公募基金自 1998 年诞生以来，已经走过了二十余年，逐渐成长为资产管理领域的一股重要力量。全市场公募基金超过 1 万只，总管理资产突破 26 万亿元[①]。

虽然投资者对于公募基金的认知度越来越高，但大部分人还是很难将公募基金与养老投资联系在一起。因为在大部分人的认知中，养老钱必须"保本"，而公募基金收益率短期存在较大的不确定性。

事实上，这可能是中国老百姓对养老投资的"认知误区"——大家过于注重保本而忽略了长期投资，这种保守型投资思路或许是需要改变的。对于 30~50 岁的投资者来说，养老金投资跨越了从工作到退休、到死亡这几十年的生命历程，天然具备"长期资金"的属性。无论是我国的社保基金，还是全球最大的主权财富基金，

---

① 资料来源：银河证券基金评价中心，截至 2022 年年中。

都在一定程度上表明，合理的权益资产配置是具有成功经验的。

公募基金在权益和债券投资方面具备突出优势。数据显示，截至 2021 年年末，中证偏股基金指数和中证债券基金指数在过去 10 年间分别实现了 221.44% 和 66.24% 的累计回报，年化回报为 12.50% 和 5.36%，而代表全市场股票和债券整体表现的沪深 300 指数与中证全债指数，同期整体涨跌幅为 110.61% 与 56.02%。相比之下，基金的超额表现非常显著（见图 3.1 和表 3.1）。

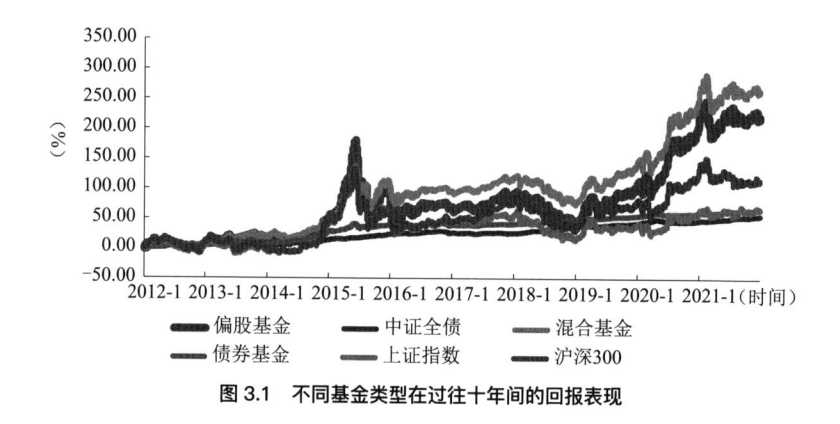

图 3.1　不同基金类型在过往十年间的回报表现

表 3.1　不同基金类型的十年累计回报率和年化回报率　　　　（%）

	偏股基金	混合基金	债券基金	上证指数	沪深300	中证全债
过往十年累计回报	221.44	259.33	66.24	65.49	110.61	56.02
年化回报	12.39	14.05	5.36	5.31	7.96	4.68

资料来源：万得资讯，2012 年 1 月 1 日至 2021 年 12 月 31 日。

此外，因为公募基金具有门槛低、运作透明、专业成熟等优势，对于普通投资者而言，是一种优选的专业投资工具。

门槛低，投资易。买基金越来越方便，甚至很多人都有"一发工资就买"的习惯。此外，公募基金的购买门槛对中小投资者非常友好，1元、10元就可以投，非常适合每月为你的养老定投。

买透明，买真实。公募基金向社会大众公开募集，资产承载着千万家庭的财富梦想，与其他投资品种相比面临更严格的监管和更透明的信息公开要求。投资者可以通过基金公司或各类基金销售App，及时了解每季度的投资组合、重仓标的、投资策略等信息。另外，基金的业绩表现和净值波动也是公开数据，投资者可以方便地判断各只基金的优劣。

更专业，更成熟。基金公司拥有专业的投资团队，公募基金也体现出长期赚钱效应：自1998年公募基金诞生以来至2021年年底，我国公募基金累计已为持有人创造了超过6万亿元的真实利润[①]。因专业能力备受认可，基金公司也担任许多保险、社保委外基金的管理人角色。

关于投资的风险与回报，盘点过往10年全市场不同资产收益变化

当谈起投资理财时，大家往往讨论的产品有存款、理财、基金、信托这几类，此外，大家还可以直接投资于股票、债券、黄

[①] 资料来源：银河证券。

金、原油等品种。表 3.2 中，我们整理了过往 10 年常见的不同资产单年度价格涨跌度，以及相应的当年度 CPI 变化。

计算各类金融资产收益率的价格指数如下所示：

1. 1 年期定期存款利率（年初利率）。
2. 沪深 300 指数，代表国内沪深市场上规模最大的 300 只股票的整体表现。
3. 中证全债指数，反映全市场相应期限债券的整体表现。
4. 原油及黄金当年度现货价格变化。
5. 中证偏股基金与债券基金指数，代表全市场该类型基金的平均涨跌幅。
6. 房价变化为中国统计局每年度公布的商品房平均销售价格。
7. CPI，代表国内居民生活物价变化，也代表了通胀水平的变化。

结论是否有些意外？以前大家比较青睐的房地产在过去 10 年的平均年化涨幅为 6.59%，并不是收益最高的（虽然波动较小，但实际操作中还有诸多限制和交易损耗）；另外，1 年期的存款利率从 10 年前的 3.5% 下降至现在的 1.5%，其实还未跑赢通胀。

从整体来看，偏股基金和混合基金的年化表现是最好的，过去 10 年的年化回报在 10% 以上，其次是股票、房价、债券基金等，分布在 5%~10%。此外，油价在单年度有超 50% 的涨跌，其下跌时的影响不容小觑，且过往 10 年的整体表现为负。

表 3.2 过往 10 年常见的不同资产单年度价格表现

(%)

年份	偏股基金	混合基金	债券基金	上证指数	沪深 300	中证全债	大宗商品	金价	油价	房价	存款利率	物价
2021	4.05	3.78	3.93	4.80	-5.20	5.65	33.58	-3.60	50.46	2.83	1.50	0.90
2020	51.50	46.84	3.26	13.87	27.21	3.05	18.54	25.07	-21.64	5.91	1.50	2.50
2019	43.74	36.10	4.22	22.30	36.07	4.96	25.01	18.33	22.73	6.69	1.50	2.90
2018	-24.58	-18.34	5.43	-24.59	-25.31	8.85	-36.06	-1.57	-19.02	10.57	1.50	2.10
2017	12.63	10.97	1.65	6.56	21.78	-0.34	10.18	13.16	17.25	5.56	1.50	1.60
2016	-17.00	-8.23	-0.35	-12.31	-11.28	2.00	-3.31	8.48	50.65	10.05	1.50	2.00
2015	37.52	46.52	9.93	9.41	5.58	8.74	19.06	-10.37	-34.74	7.42	2.75	1.40
2014	23.88	20.77	18.48	52.87	51.66	10.82	30.19	-1.81	-47.24	1.39	3.00	2.00
2013	10.13	13.28	0.61	-6.75	-7.65	-1.07	-20.88	-28.04	-0.19	7.70	3.00	2.60
2012	4.93	3.93	6.22	3.17	-7.55	3.52	-2.73	7.14	4.12	8.10	3.50	2.60
年化回报	12.14	13.64	5.21	5.17	7.73	4.55	4.87	1.58	-2.96	6.59	2.12	2.06
波动率	23.63	20.98	5.20	19.93	22.62	3.77	21.65	14.49	31.88	2.73	0.78	0.57
夏普比率	0.39	0.52	0.12	0.46	0.22	0.46	0.09	-0.09	-0.18	1.38	-0.88	

注：房价为国家统计局统计的商品房平均销售价格；黄金为伦敦黄金现货价格；原油为布伦特原油现货价；CPI 为国家统计局统计的中国 CPI 同比年度指标；存款利率为 1 年定期存款利率（整存整取）年度指标；其余数据来自各大指数、偏股基金指数、债券基金指数、沪深 300 指数、中证全债指数。历史业绩不代表未来表现，基金收益有波动风险，投资需谨慎。

资料来源：国家统计局、中国人民银行、万得资讯等，2012 年 1 月 1 日至 2021 年 12 月 31 日。

第三章　养老目标 FOF，养老金投资界的新势力以收益标准差作为波动指标，权益类资产、原油、大宗商品这几类资产的波动也最为剧烈。我们以过往 1 年期国债到期收益率作为无风险收益，测算了不同类型的夏普比率，代表不同资产超额回报与风险比值，可以看到，除了房地产，不同类型的几类基金投资性价比更为显著。

同样，美国市场也是类似的收益分布（见表 3.3），以标普 500 指数为代表的权益类资产收益最高，为 14.25%，其次是房价，为 7.65%，和国内情况较为接近。差异较为明显的是，国内股票市场的波动率是美股的两倍，美国债市的收益水平和物价几乎持平。

表 3.3　过往 10 年美国股市、债市、房价、物价各年度表现　　　　（%）

年份	标普 500	巴克莱综指	美国房价	美国 CPI
2021	26.89	3.50	18.47	4.70
2020	16.26	−3.94	10.17	1.20
2019	28.88	7.70	2.83	1.80
2018	−6.24	2.48	4.04	2.40
2017	19.42	−11.57	6.28	2.10
2016	9.54	3.05	5.43	1.30
2015	−0.73	9.71	5.55	0.10
2014	11.39	18.14	4.35	1.60
2013	29.60	−7.33	13.38	1.50
2012	13.41	0.96	6.94	2.10
年化回报	14.25	1.95	7.65	1.87
波动率	11.45	8.14	4.64	1.12
夏普	1.24	0.24	1.65	1.68

注：美国房价为标准普尔/CS 房价指数（20 个大中城市）；美国 CPI 为美国劳工部统计的美国 CPI 同比年度指标；其余数据分别来自标普 500 指数，巴克莱资本美国综合债券指数。历史数据不代表未来表现，指数不代表单个资产表现，投资需谨慎。

资料来源：万得资讯，2012 年 1 月 1 日至 2021 年 12 月 31 日。

个人及家庭的资产是亿万家庭的财富积累，也是未来生活的重要保障，投资更需三思而后行。通过不同的资产组合，以及同一资产不同标的之间的配置，才能力求获取更高收益，同时尽可能减小组合波动，控制风险，这才是合理的资产配置方式。

对于各类资产研究、组合、交易，乃至一系列配套的法律、结算、产品设计等环节，专业的基金公司对此也更有经验。从表 3.2 中也可以看到，偏股基金不仅整体收益上跑赢股票，在收益与风险的平衡上也有更突出的性价比（夏普比率代表每承受一单位的风险可以获得的超额回报）；而债券基金因债券整体波动不大，可通过更合理的挖掘和配置，通过适当放大风险从而获取超额回报。

当然，如前文所述，目前全市场公募基金超过 1 万只，除了常见的股票、债券类基金，还有投资于基金的 FOF、投资于不动产类资产的 REITs 基金、投资于消费品的商品类基金等，种类繁多，都在各自领域发挥着专业投资者的作用和优势。

养老目标 FOF，养老投资优选

当投资者好不容易踏出艰难的第一步——认可了公募基金对于养老投资的价值之后，随之而来的却是更加棘手的问题——全市场有 1 万多只基金，而且每位客户经理、每个理财平台推荐的产品也都不一样，该怎么挑选呢？

有一类产品可以完美解决大家的投资选择困难症，它就是近几年国内市场的新生力量——养老目标FOF，这也是《个人养老金投资公开募集证券投资基金业务管理暂行规定》中目前最为推荐的养老目标基金品种。

那么，什么是FOF呢？其实就是投资于基金的基金产品，本质就是让专业人士进行基金配置的一站式解决方案，它有以下几个优点：

第一，专业选好基，解决"选基难、择时难"的问题。银河证券基金评价中心分类下偏股型基金在2007—2021年这15年中的平均年化回报为13.35%，看起来还不错吧？而当我们以基金加权平均净值利润率作为持有人的实际收益来参考时——7.97%，一对比，少了40%。再看这15年的总回报差别——556.45%与315.91%，少了240多个百分点，这还不包括实际中的交易费用损耗。

的确，基民在投资中，除了因为基金种类繁多带来的选基难的问题，往往还会遇到产品与个人风险偏好匹配错误的问题，以及错误时间入场或离场的择时难问题，这些行为都会消耗原本属于你的投资收益。

而FOF投资团队会采用一套完备的投研体系，借助多人专业研究团队的力量跟踪研究全市场产品，帮助投资者专业地挑选基金。在此基础上，通过合理的产品设计和基金配置，拟合出风险偏好稳定的基金品种，更适合普通投资人持有。

截至2022年9月30日，成立满一年的134只养老FOF基金平均经历上证综指 1.87% 的下跌，但成立以来回报依旧取得近 70% 的正收益比例，复权净值增长率最高达到 53.11%，平均年化回报为 2.15%。而从相对收益角度看，近 80% 的养老 FOF 基金成立以来的业绩都领先业绩基准，平均跑赢 6.79 个百分点，体现出了养老目标基金的主动管理价值（见图 3.2）。

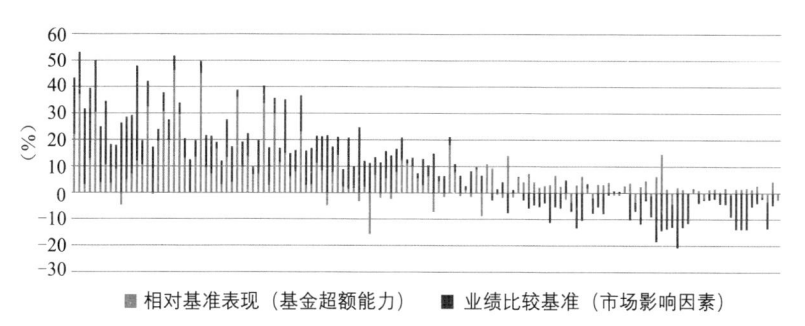

图 3.2　134 只养老 FOF 基金成立以来的表现

第二，FOF 还可以在不降低预期收益的情况下减小波动，为投资者构建风险收益性价比更高的基金组合。诺贝尔经济学奖得主哈里·马科维茨有一句名言："资产配置是投资市场唯一的免费午餐。"整体而言，FOF 通过不同资产类型的基金配置，在一定程度上可以减小组合波动性，使得 FOF 持有人持有体验更好，长期持有的意愿增强，从而获得资本市场带来的长期收益。

银河证券基金评价中心以全市场各类型基金的整体表现构建了各类型基金指数，用于评价各类型基金的平均表现。我们分析了各类型基金 3 年来（2019 年 7 月 1 日至 2022 年 9 月 30 日）的收益情况、波动情况。可以看到，无论是 FOF 基金的整体情况，还是该分类下的养老目标风险和目标日期 FOF 子分类，都在获取了不错的收益表现的同时，也取得了不错的波动控制水平。

以目标风险 FOF 指数为例（目标日期 FOF 目前整体权益占比更高，相较而言，目标风险 FOF 中投资配置更为均衡），在取得了债券基金指数两倍表现的同时，波动率也远低于偏股基金指数，接近其 1/2 的水平，在一定程度上体现了"放大收益，分散风险"的作用（见图 3.3）。

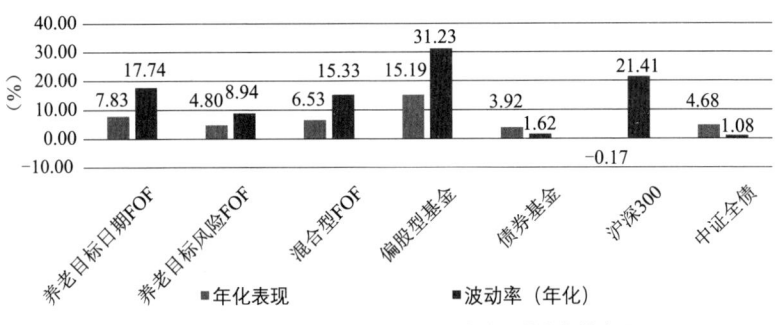

图 3.3 2019 年 7 月至 2022 年 9 月各类型基金指数表现

类型	年化表现	波动率（年化）
养老目标日期FOF	7.83	17.74
养老目标风险FOF	4.80	8.94
混合型FOF	6.53	15.33
偏股型基金	15.19	31.23
债券基金	3.92	1.62
沪深300	−0.17	21.41
中证全债	4.68	1.08

注："养老"名称不代表收益保障或任何形式的收益承诺，为非保本产品，存在投资者承担亏损的可能。
资料来源：万得资讯、银河证券基金评价中心、兴证全球基金，截至 2022 年 9 月 30 日。

除此之外，FOF 还有很多优势，比如能更好地把握住基金折价机会、低风险投资机会、QDII（合格境内机构投资者）基金等的投资机会等。此外，在极端环境或"黑天鹅"事件下，普通基金所持有的股票可能出现无法卖出等流动性问题，但 FOF 投资于基金，所以流动性更具优势。

基于以上优势及海外市场经验，2018 年证监会发布《养老目标证券投资基金指引（试行）》，其中要求，养老目标基金应当采用FOF形式或中国证监会认可的其他形式运作，从而能够通过成熟稳健的资产配置策略，控制基金下行风险，追求基金长期稳健增值。此外，该指引同时通过增加最短运作周期设定、差异化优惠费率安排等要素设计条款，鼓励投资者长期持有。公募基金管理人可通过养老FOF产品，助力国内居民的个人养老投资，为投资者提供一揽子的养老投资解决方案。

⬆ 小贴士

美国公募基金成就了养老金资产，养老金资产也成就了公募基金

以养老金体系最发达的美国为例，居民能够自主做出投资选择，并享受税收优惠的IRA和401（k）计划是养老金体系中的最大组成部分。从具体投资标的来看，无论是在IRA还是401（k）计划中，公募基金都是主流的投资方式，美国ICI 2021年年底数据显示，IRA和DC计划中的资产分别有45%和58%投向了公募基金。

除了公募基金是主流投资方式，美国居民的养老投资还有一个突出特点就是权益类资产占比高。2021年年底的数据显示，IRA计划所投向的公募基金资产中，股票基金占比达到58%，其中美国本土股票基金的比重达45%，投资于

海外股票基金的比重达14%，相较而言，债券和货币类基金仅有22%。同时，IRA还有47%的部分也投资了其他类型的资产，其中还包括股票、封闭式基金、ETF（交易型开放式指数基金）等。投资于权益资产的占比高，在很大程度上体现了美国居民对"养老金是长期资金"这一属性的认可度高，愿意让养老金承担一定的风险。

其实公募基金并不是一开始就在个人养老金中扮演如此重要的角色的。20世纪80年代，美国居民选择在银行开立IRA账户，持有资产中以银行存款为主，占到了账户资金的73%，而公募基金的规模占比不到7%。可以看到，当时美国的情况与我们现在非常相似，居民大多偏好低风险产品。但如今，IRA账户中存款的比例已经降到了5%，保险产品占比仅为4%，而公募基金的投资比例则达到45%。

为什么会发生这样的变化呢？主要有几个方面的原因。一方面，美股从1980年开始经历了美国历史上为期时间最长、规模最大的牛市，在这波持续了20年的牛市中，民众发现股市有很强的赚钱效应，但自己炒股很难跑赢专业机构，而公募基金长期创造了稳健良好的业绩，因此民众选择将更多的养老金资产投向公募产品。另一方面，美国的投资顾问体系非常发达，基金销售的渠道较多，除了养老金机构，很多综合性的服务经纪商也参与其中，民众在投资过程中常常会咨询专业投顾的建议，因而对于公募基金的接受度有了大幅提升。

ICI最新报告显示，截至2021年年末，美国公募基金市场总规模近26.96万亿美元，养老金资产占比高达47%，其中，12.049万亿美元养老金投向股票、混合、债券型基金，占这类基金市场规模的54%。30多年来，美国养老金与公募基金市场互动日益紧密，可以说公募基金成就了养老金资产，养老金资产也成就了公募基金。

第一批养老目标FOF运作如何？哪些更适合你呢？

如前文介绍，2018年证监会发布《养老目标证券投资基金指引（试行）》，拉开了中国养老目标投资公募基金的大幕。我们一起见证了优秀行业从业者不断研究、摸索，并根据各个公司特色发行了不同类型的FOF产品，也见证了这些产品的成长和市场投资者的认可。

2018年8月起，国内首批共14只养老FOF获得证监会注册批文，标志着我国养老FOF的正式启航，随后国内养老FOF迎来快速发展时期。截至2022年三季度末，国内共成立养老FOF基金188只（主代码口径），发行规模810.58亿元，最新规模944.71亿元，成立一年以上的养老FOF平均年化回报为2.15%（见图3.4）。

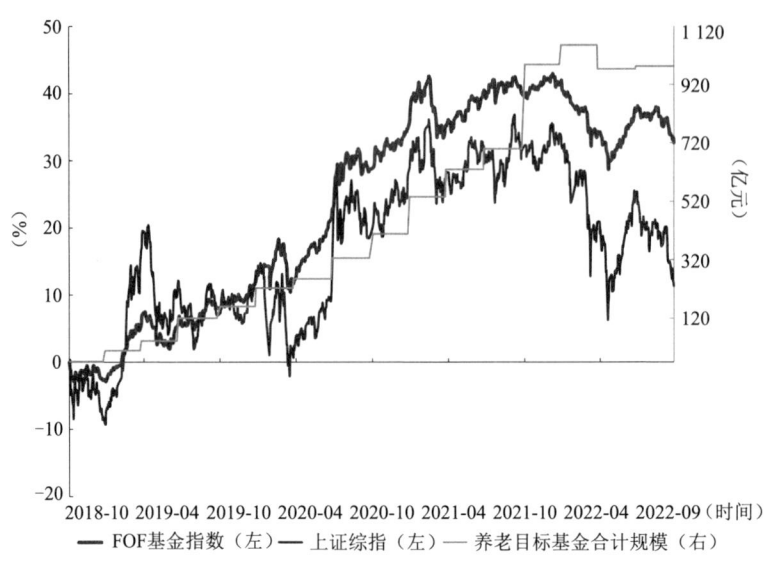

图 3.4　FOF 基金指数、上证综指历史业绩、养老目标基金规模走势

资料来源：万得资讯，数据区间为 2018 年 10 月 8 日至 2022 年 9 月 30 日。

以兴全安泰平衡养老 FOF 为例，自 2019 年 1 月成立以来，这一平衡型 FOF 开始了与市场的赛跑。在市场的跌宕起伏之中，我们可以通过图 3.5 中的净值增长率曲线发现该只 FOF 有着相较基准更为平缓的走势，在下跌中下落更少，在上涨时紧跟上行，印证了 FOF"平滑波动，力控风险"的特点。FOF 所能带来的陪伴可能是投资者每年的一丝小确幸。

类型多样，哪一种类型的养老 FOF 更适合你？

目前，我国推出的养老目标 FOF 从投资策略上主要分为两种：目标风险型和目标日期型。

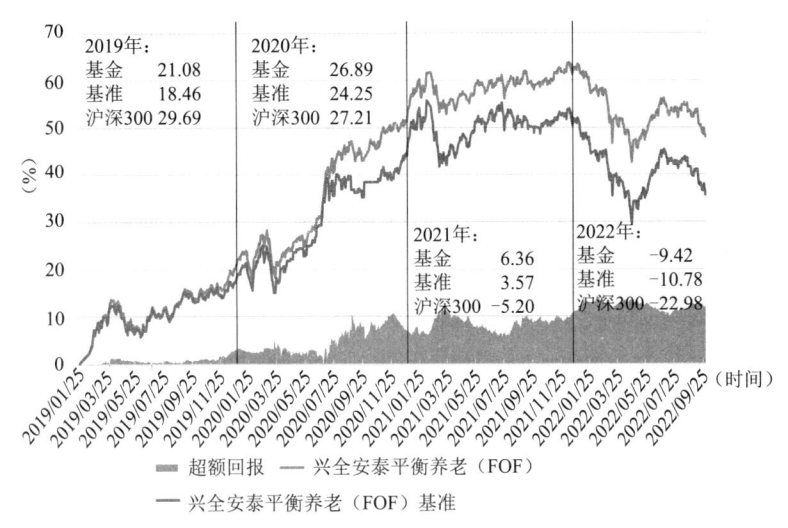

图 3.5 兴全安泰平衡养老 FOF 成立以来表现

注：截至 2021 年 12 月 31 日，兴全安泰平衡养老 FOF 成立以来回报为 63.41%，同期业绩基准回报为 52.43%。其成立以来每年度的业绩及比较基准为：2019 年 1 月 25 日至 2019 年 12 月 31 日（21.08%、18.46%）、2020 年（26.89%、23.92%）、2021 年（6.36%、3.57%）。历史业绩不代表未来表现，本基金非保本，基金管理人对本基金的风险评级为 R3，基金投资需谨慎。

资料来源：兴证全球基金定期报告，2019 年 1 月 25 日至 2022 年 9 月 25 日。

目标风险型：根据特定的风险设定来决定不同风险资产的配置比例，产品运行过程中，风格特征较为稳定。通常来说目标风险型养老 FOF 按照权益仓位高低分为稳健策略、平衡策略、进取策略等不同目标风险类型。选择这类产品的投资者，通常拥有较为明确的风险偏好，或偏好风险较为稳定的产品。

目标日期型：以投资者退休日期为目标，根据不同投资者生命阶段风险承受能力进行投资配置的基金。例如计划 2025 年退休的投资者可以考虑目标日期 2025 年的养老 FOF，随着目标日期的临近逐步降低权益类资产的配置比例，因此，该类基金可满足个人投资者随着年龄增长风险承受能力逐渐下降的特征。选择这类产品的投资者，通常按照自己预期退休时间选择各自产品，但风险特征不可选择。

从数据来看，目标风险型 FOF 更容易获得投资者的理解和选择，投资者评估自身风险偏好水平后，即可选择合适的 FOF 产品。银河证券数据显示，截至 2022 年三季度末，全市场共有目标日期型 FOF 基金 82 只，总规模为 177 亿元。同时共有 106 只目标风险型 FOF，总规模为 767 亿元。其中稳健策略养老 FOF（权益资产 0~30%）规模最大，合计 679 亿元（见表 3.4）。

表 3.4 各类型养老 FOF 数量及资产净值

银河证券分类名称	基金数	基金资产净值（亿元）
养老目标日期 FOF(2025)	4	8
养老目标日期 FOF(2050)	11	15
养老目标日期 FOF(2055)	1	0.3
养老目标日期 FOF(2060)	1	0.1
养老目标日期 FOF(2030)	8	16
养老目标日期 FOF(2035)	18	61
养老目标日期 FOF(2040)	25	42
养老目标日期 FOF(2045)	14	34
养老目标风险 FOF(权益资产 0~30%)	67	679
养老目标风险 FOF(权益资产 30%~60%)	33	74
养老目标风险 FOF(权益资产 60%~80%)	6	14

注：截至 2022 年 9 月 30 日。历史业绩不代表未来表现，基金投资需谨慎。
资料来源：银河数据。

较为明确的"风险-收益"特征有助于更好地满足不同风险偏好养老投资者的投资需求，养老FOF也逐渐获得越来越多投资者的认可。截至2022年年中，公募养老FOF的持有人户数已从2018年年末的77万户攀升至293万多户，其中个人投资者的基金持有比例更是高达94%。

以兴证全球基金旗下的养老目标FOF家族的"长子"——安泰平衡养老FOF为代表，2019年1月成立以来，从最初的59 780位持有人，到如今的近10万人同行。

全市场188只养老目标基金，在一步一个脚印的投资之路上，用陪伴获得了诸多认可，随着更多政策的落地，我们也相信，这只是一个小小的开始。

↑ 小贴士

年轻人更关注养老？女性是家庭财务总管？数据告诉你[①]

究竟是什么样的投资人在买养老目标基金？不同年龄段的投资者对于不同风格的养老目标基金又有怎样的偏爱？我们对兴证全球基金养老FOF持有人的情况做了一定的脱敏分析，与你分享。

从不同的年龄结构来看，有两个不同的数据：客户持有

---

① 节选自兴证全球基金养老金管理部总监、FOF基金经理林国怀先生于2022年11月在"投资·百岁人生"养老投资科普论坛上的分享。

人的规模占比,以及客户数量的占比。从规模角度来看,超过55岁的投资者持有的养老目标基金规模占我们公司旗下产品规模的近50%,就是说有近一半的规模是55岁以上的投资人持有的;35岁以下持有人规模的占比只有8%(见图3.7)。但从持有人数量角度来看,55岁以上持有人数量的占比是30%,35岁以下持有人的数量接近25%(见图3.8)。

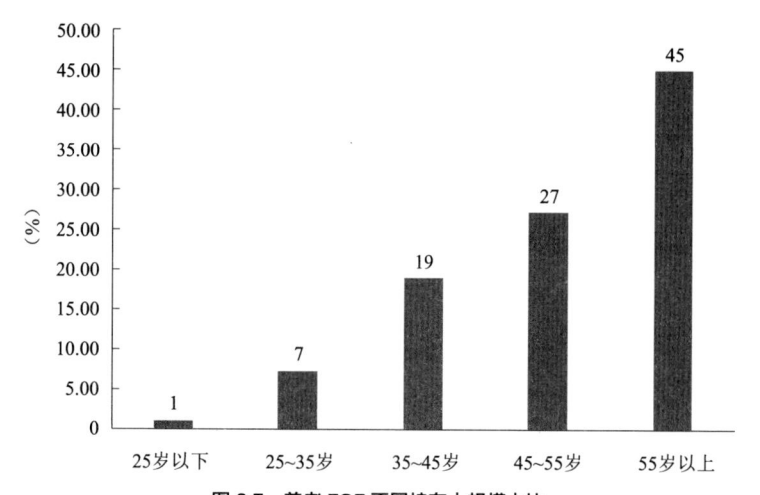

图3.7 养老FOF不同持有人规模占比

注:截至2022年6月30日,占比为总投资规模占比。
资料来源:兴证全球基金CRM系统。

8%的持有规模和25%的持有人数量,说明年轻人对养老投资的关注程度相对是比较高的,只是投入金额可能较低些。

我们也分析了不同风险等级养老FOF产品的不同年龄段的持有人情况,可以看到高风险等级的产品持有人的结构相对而言会更加年轻化一些（见图3.9）。

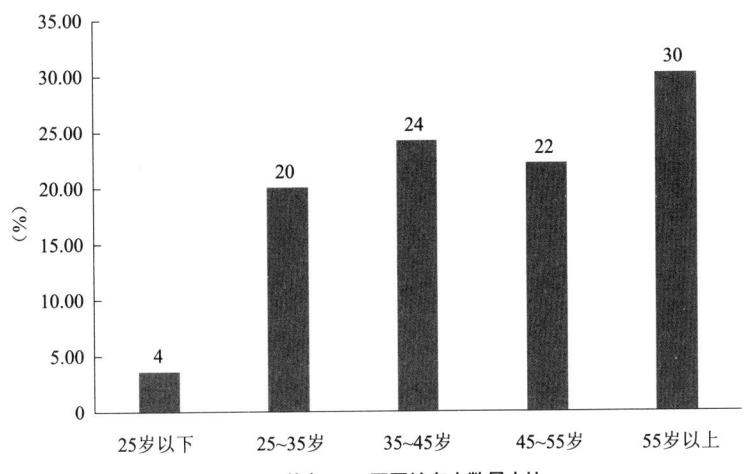

图3.8　养老FOF不同持有人数量占比

- 25岁以下：4
- 25~35岁：20
- 35~45岁：24
- 45~55岁：22
- 55岁以上：30

注：截至2022年6月30日，占比为总投资规模占比。
资料来源：兴证全球基金CRM系统。

作为基金管理人，我们很欣慰。因为，这和我们一直倡导的——养老投资不仅仅是老年人，更是年轻人的事，这一观点是一致的。

我们也分析了不同性别的投资人持有规模的情况，从数据中发现，女性投资者规模占比相对更高，男性较低。这和众多学者提到过的在养老问题中女性可能会面临更多的挑战，是相呼应的。持有人结构中女性占比较高，我们分析原因可能有两方面：一是来自女性对于养老焦虑的提前准备；二是跟我们的国情有关，一般家庭会由女性作为家庭财务总管（见图3.10）。

图 3.9　不同年龄结构持有人数量占比（按风险等级划分）

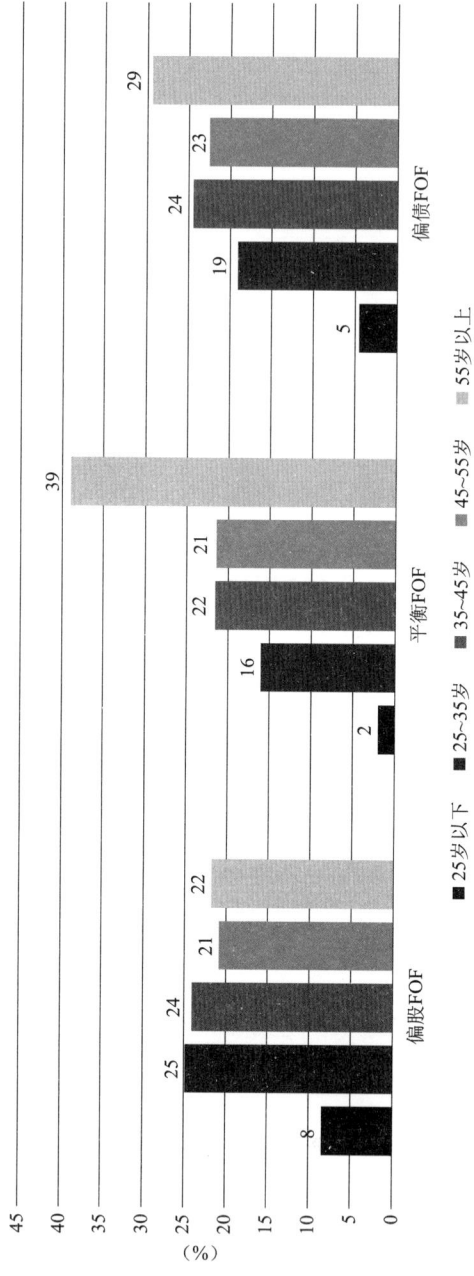

注：截至 2022 年 6 月 30 日，占比为总投资规模占比。
资料来源：兴证全球基金 CRM 系统。

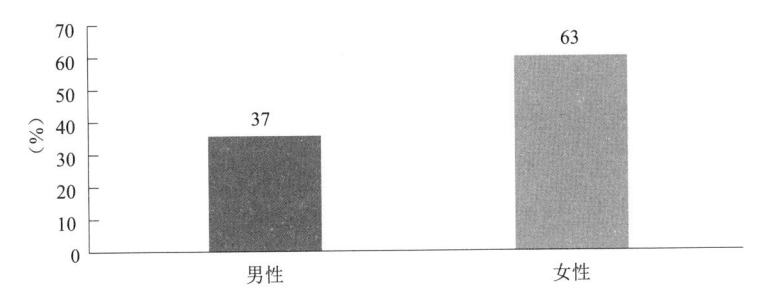

图 3.10　养老 FOF 不同性别持有人规模占比

注：截至 2022 年 6 月 30 日，占比为总投资规模占比。
资料来源：兴证全球基金 CRM 系统。

选择好产品，用定投的方法开始投资

选择好适合你的产品，只是投资的第一步。就如养老规划是一个长期话题一般，养老储备也应该是从今天开始的漫长过程。买入第一笔基金，并不是大功告成，这只是一个投资路上的小小逗号。

这里，我们假设在读本书的你已经购买过其他基金产品，了解了如何购买基金，也或许有自己青睐的基金购买渠道，因此，在相关政策落地前，我们在此不做额外介绍。

毕竟，开始了，比什么都重要。

养老+定投，天生一对

定投，就是每隔一段固定时间，按约定金额买入基金。简单理解就是，基金投资类似定期储蓄的方式，一点一滴积攒下来，成为一种习惯。在基金净值（价格）下跌阶段，因为净值较低，相同金额申购基金可积累更多的基金份额，等待市场上涨；而在基金净值上涨阶段，因为基金净值（价格）升高，相同金额下买到的基金份额（数量）更少，可以在一定程度上平抑后续下跌中的波动。

其实，基金定投和养老投资规划可谓是"天生一对"。

与普通定投中许多投资者偏好选择高风险基金并适时止盈不同，为养老制订的定投计划目标时间更长、目标资金更大，定投能够有效避免投资过程中的追涨杀跌，同时其平滑收益的特性更适合养老长期储备，也难怪被称为永不过时的投资方式（见图3.11）。

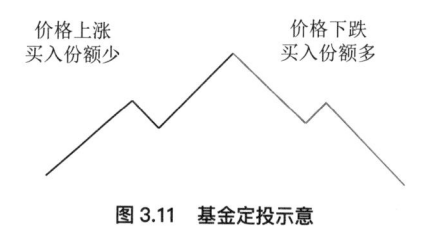

图 3.11 基金定投示意

但在过程中，你也需要注意控制风险和波动。也因此，2022年新规定中的即将开通的个人养老金资金账户是最好的选择，独立的账户也更能帮助你清楚地了解账户内资产的变化。

养老定投需趁早

养老定投的目标如何？问题的答案因人而异，但可以做一个简单的估算：我们回到第二章最初的测算，假设每月开支 3 000 元，65 岁退休后的 35 年需要 3 000×35×12=126 万元退休金。如果目前年龄是 35 岁，考虑 3% 的通胀率，需要为退休准备至少 536 万元！

养老定投宜早不宜迟，时间是影响投资的一个重要因素。越早开始，投入的负担往往越小。此外，购买基金时也可以根据个人的实际情况，单笔买入和持续定投同时操作。我们将 30 岁、35 岁、45 岁和 55 岁作为起始定投年龄，分别进行了两组测算，来看看不同起始年龄对于定投结果有何影响（见表 3.5）。

表3.5　不同起始年龄对于定投结果的影响　　　　　　　　　　（元）

	离退休年数	第一笔投入金额	每月定投金额	每年额外存入	退休时单笔提取	退休时按月领取
许戈先生 30 岁	35 年	5 000	1 500	25 000	6 076 425.31	30 237.96
如风女士 35 岁	30 年	50 000	2 000	30 000	5 553 341.55	27 634.95
若然女士 45 岁	20 年	100 000	3 000	50 000	3 959 352.19	19 702.82
冯寒先生 55 岁	10 年	250 000	6 000	100 000	2 899 743.02	14 429.92

假设退休前年均投资回报率为 7%（参考中证 FOF 基金指数

2018年成立以来的年化收益率），退休后若选择每月领取养老金，未领取的剩余部分假定以 5% 的年化收益率继续投资（退休后因风险偏好降低，会采取更稳健的投资方式，参考债券基金过往 10 年年化 5% 的收益率），预期寿命 100 岁。

30 岁的许戈先生，距离退休还有遥远的 35 年。如果此时就准备开设专门的账户存钱养老，拿出 5 000 元的第一桶金开启投资，同时每月从工资中拿出 1 500 元定投（其中的 1 000 元还能满足个人养老金税收优惠额度），每年再将年终奖中的 2.5 万元投进去，根据模拟测算，许戈能在 65 岁退休时积累 608 万元，基本满足了前文中提过的 620 万的需求。若不一次性提取，继续投资于债券基金，也可以选择退休后每月定额领取约 30 000 元。

如果以 35 岁的如风女士为例，或许以现有的 5 万元开启投资，每月从工资中拿出 2 000 元，以及每年再额外存入 30 000 元用于投资，根据模拟测算，她到 30 年后退休时账户余额可能达到 555 万元，还超出了 536 万元的需求。如果这笔钱继续投资，每月可以提取约 28 000 元。

我们以若然女士来代表 45 岁、事业已有建树的中年人群。距离退休还有 20 年的她，若用手头的 10 万元积蓄开启投资，并每月从工资中拿出 3 000 元，以及每年从年终奖中再拿出 50 000 元投资，预计能在 65 岁退休时积累近 400 万元。也可以选择退休后再投资，同时每月能提取约 20 000 元至百岁。

我们以冯寒先生来代表距离退休还有 10 年左右的临近退休人群。为退休做准备的他，如果现在用 25 万元开始第一笔投资，同时10年中每月从收入里投入6 000元，每年再额外投入100 000元，根据测算，10年后退休时可以积累290万元。如果继续进行再投资，同时每月可以提取14 000元。

择一基定投到老，或许是当下最适合年轻人的养老储备开启方式。当然，定投的启动，只是万里长征的一小步，后续的坚持，才是更重要且困难的一件事。在市场涨跌的阴晴圆缺之中，基金定投并非没有波动。养老定投除了要甄选投资能力优秀的产品，更要在几十年的人生投资旅途中，耐得住寂寞，守得住繁华。

作者提示：
　　养老目标基金致力于满足投资者的养老资金理财需求，但养老目标基金并不代表收益保障或其他任何形式的收益承诺。投资者应当充分了解基金定期定额投资和零存整取等储蓄方式的区别。基金投资须谨慎，请审慎选择。

后记

我们的后半生
不仅是一个人的事，更是一家人的事
规划好自己的未来，带着家人的印记
一步步走下去，实现一个个目标和许诺
才对得起他们的牵挂、期盼、祝福

十年也只是一瞬
雕刻未来的，正是此刻的自己

几年前，兴证全球基金与新世相一起合作拍摄了视频《我的后半生》，发起了主题为"十年之约"的客户活动，旨在记录基金持有人的养老规划和人生故事，共同探讨家庭和人生，更约定活动将坚持开展下去，希望见证彼此的成长。

视频和活动发布后，微信后台一下收到了大量走心又戳泪的留言，用同事的原话说，真是"又哭又笑地看完了"。留言中，有持有人关于财富的规划，但更多的是家庭的责任、梦想的践行，以及他们厚重的人生故事与思考。我们越发感受到，养老投资业务不仅在于基金产品的专业管理和平稳运作，更承载着基金背后每一位持有人真真切切的生活和未来。也因此，作为养老基金的管理人和陪伴者，我们深感肩上责任之重。

想必你们也猜到了，书中反复提到的五位朋友正是我们兴证全球基金真实的长期持有人，也是我们"十年之约"活动的参与者之一！吉木更是我们养老投资团队的亲身参与者。当我们与他们联系，告知他们我们正在筹备撰写一本关于养老投资规划的书，希望听到他们的真实故事和思考时，他们欣然接受。

除了基金投资，他们与我们还有更多的故事，希望可以一并分享。

许戈：持有时间足够长是什么感觉？

许戈说的那只朋友介绍的基金，就是我们在 2019 年年初发行的兴全安泰平衡养老三年基金。在国内投资者尚未开始认知、投资机构未有合适的参考业绩的当时，产品发行的确是一件困难的事情，对投资者和投资机构来说，都需要勇气。

养老投资，开启了他的投资认知，也开启了他的养老院职业生涯。也因为更多的体验和认知，2019 年后，他加入了我们的

"十年之约"计划。

未来 3~5 年，结婚买房提到了许戈的日程表上，同时他对自己的事业发展也有很多期待。

在社会加速老龄化的大背景下，许戈所在的养老院已经有了很多规划。"未来我们会做一些中央厨房，不只面向机构，也面向社区的老人拓展居家服务。另外目前我们只有 1 家机构，我们还计划在本市不同的区域拓展 3~5 家分院。"许戈分享道，"这个过程对我来说也需要做很多学习准备。"

访谈中，他也多次提到对长期投资之旅的期待："其实从 2019 年到现在，我接触基金的时间还是比较短的，偶尔也听说了一些购买基金 10 年、20 年的人的故事，我也很想体验一下，持有时间足够长是什么感觉。这也是一种学习，哈哈。"

如风：投资第 7 年，需要学习，深入了解它，才会更有底气

如风女士是我们十年之约活动最早的也是持续的参与者，还是公司蚂蚁森林公益活动中收集能量最高的一位，她的每一次留言总能给我们带来新的能量。

如风是在 2014 年年底开始投资，2015 年和我们结缘的。经历了股市最高点和之后的急转直下，如风决定不再"折腾"："我记得当时应该是 2015 年 7 月左右，当时的大盘也是从 2015 年 6

月就垮了，持续暴跌的状态。那个时候已经想彻底躺平了，就不想去折腾了，又刚好看到一只基金发行，我也知道这个基金经理很厉害，就觉得应该还是比较靠谱吧，所以一直持有到现在，已经7年了。"

"我认为投资是需要学习的，深入了解它，才会更有底气。"7年的时间说长不长，说短不短，对于喜欢学习和总结的如风来说，对投资已经有了不同的理解。

如风平时会看一些投资的书，也会研究所持有的基金。"可能基金短期的收益波动比较大，遇到年景好的时候会涨，但从2021年到2022年，确实也跌得比较厉害。你要想实现年化10%以上的收益，必须得拉长。我测算过，基金5~10年的收益还是比较可观的，所以确实是需要一个比较长的周期。反正现在也没有打算换房，也没有做其他的安排，那就把钱放在这个里面，就是等着，我还是比较相信长期投资的。"

定投给了如风更多的投资定力。"从前几年开始，我每个月的闲钱一直是长期定投在某几只基金里面。我发现在较低点位持续定投，反而能摊薄成本。2020年行情比较好，2021年市场出现波动，一般投资者或许会有心理压力。我每年会在1月1日的时候看一下账户的盈利情况，也是作为一个节点，看一下这一年的收益情况。有时候真的还是有一点心塞的，但如果是用闲钱做投资，继续定投的话，这个就只是一个数字的变动而已，也没有太影响我的投资节奏。"

若然：毕竟 3 年已经过去了，说起来也挺快的

"募集新基金发行几百亿元，是不是员工自己分了？"若然女士原是我们公司的技术合作伙伴，2018 年年初合作时，这是她向我们提出的问题。在经历了 2020 年新冠肺炎疫情后，她才决定开启自己的第一笔基金投资，还第一时间与我们分享她的心路历程，好在"投资要趁早，但再晚也不迟"。

这次采访时，正逢疫情期间股市波动最剧烈的时候，纠结片刻，我们还是小心翼翼地问了若然在基金下跌中是否有想过卖出的问题。不过，若然的回答比我们预期的还是淡定了许多，也跟我们分享了她最近的好消息和背后的故事。

"跟你说个事，我今年把房子卖了！也买了新房子！其间我承受了资金的压力，不过我也没有想过要赎回基金。我原本还打算咨询你赎回手续和多久可以拿到钱，不过后来我想了一下其实没有特别大的必要，除非发生了很特殊的情况。"

当市场在最初波动时，若然看着自己的盈利金额逐渐缩水时，也会心疼。当我们开玩笑说"后来就跌麻了"时，她反而安慰起了我们："跌麻了？你等钱用时是不会麻的，你放心。我觉得大家看到市场波动时特别焦虑，很大的问题在于你在投这笔钱的时候，到底是用什么心态，你怎么去看它。这个是很重要的问题。"

"对于投资者来说，我觉得很重要的事情就是你一定要想清楚这个钱的用途。未来 2~3 年一定会用的话，我觉得还是不要搞

这个事情了，没什么意思。其实，还是认知的问题。很多人投资赚钱时会归因在自己身上，然而实际可能和你一点关系都没有。行情好的时候，大多数人都会赚钱。"

"金融市场太受情绪影响了，所以我们自己不要有太大起伏，不要太受市场的影响，相对而言要有一个比较稳健的心态，我觉得这个很重要，真的能坚持 10 年就是挺好的一个目标了。毕竟 3 年已经过去了，说起来也挺快的。"

其实，我们最希望和大家分享的，是以下的文字，也许不直接关于投资本身。虽然采访已经过了一个月，但在敲下这些文字时，还是能再次回想起当初通话时我们的那份感动。

采访的最后一个问题是："关于十年之约，你有什么建议？"这曾是我们在采访前屡次想删除的问题。万万没想到，若然也从一位基金持有人、一位朋友、一位工作合作伙伴，以及一位跨行业的同岗位前辈的角度，给我们提出了很多衷心且真诚的建议。

"所谓的基金应该给大家带来点什么？如果每个人都跑过来问你，我现在投什么基金能赚多少钱，我觉得这肯定是你不想听到的。基金公司要帮助大家培养一些投资理念和消费理念，我觉得这个是更重要的，也对大家有更大的价值，从而相信基金。"

"市场情绪高亢的时候，很多'韭菜'就会冲进来，根本不需要你去招揽，但关键是怎么留住他们。至于基金本身能不能赚钱，这跟你没有关系，你也保证不了。但是你可以让客户有正确的认知，他们情绪稳定，才能愿意停留更久，愿意一直伴随基金，这个才是更重要的。我觉得这是你们的价值体现。"

冯寒：用粗略的框架理解投资，生活中有更有意义的事情值得关注

2004年，兴证全球基金的首只基金——兴全可转债基金成立了，冯寒就是首批认购的持有人，直到现在也没有赎回。

据冯寒回忆，当时也是由于证券公司朋友的推荐才认购了，现在则成了兴证全球基金忠实的持有人之一："当时也不是只买你们一家，后来慢慢发现你们的表现一直不错，有些收益不太好的项目到期就腾出资金，回头慢慢将资金流向你们这边，也是自然选择的结果。"

现在冯寒绝大多数的闲钱都放在基金里，股债的比例约各占一半。用他的话说，他在投资中是特别"懒"的人，一般好几个月都不看账户。

对此他的解释是："第一，我投入的都是我几乎不怎么用的资金，这么多年我也没有什么特别大的支出，也没有特别需要花钱的爱好。

"我现在在选基金的时候会比较谨慎，但选完了，我的原则是如果出现回调，可能只会大致关注一下相对市场做得如何，要是真从前10名跌到倒数几名，这是重大事件，可能会做些调整；如果只是从第10名跌到第15名，也没必要动，今年跌下去，明

年可能就会追回来。

"我们在企业里也知道,万事不是那么稳定的,就像在学校里,也不能要求学霸回回考前几名,那压力太大了。所以我还是想看长期,一动不如一静。"

在问及有没有遇到考验时,冯寒回忆起了2008年。

"我也是经历过熊市的,虽然没有直接炒股,基金也跌得很惨烈。但当时还是这个理念,一是这是闲钱,我不需要用它;二是虽然最专业的部分我不懂,但我还是有个大的认识,各国股市都类似,总是起起落落的。很幸运的是我没有急着用钱,如果急着用钱,市场下跌时再不值钱我也得卖,但如果没卖,熊市总会结束。只要股市还能起来,那就交给专业的人去做,应该会取得比平均水平高的收益率,我是相信这一点的。

"我周围也有一些同事、朋友老是谈什么差线、阻力,这些专业的东西我搞不懂,我也不想知道,生活中有更有意义的事情值得我关注,工作已经占了我很大的精力,我还有自己的小爱好。所以我希望用一个粗略的框架去理解投资,不用去研究市场,不用在意每天业绩排名的波动,只要不特别离谱,一个季度或者半年回顾一次就差不多了。"

其实冯寒在2018年时,曾经作为兴全可转债基金的"长情持有人"来参与我们的15周年生日特别活动,包括前文提到的库布奇沙漠植树公益活动。

连冯寒在证券公司工作的朋友也说,见识了各种各样的投资者,就冯寒的心态特别好。冯寒说:"想明白一些基础的东西之后，你去纠结那一点点干吗？中国经济这个基石还在，那就交由你们这些专家去做这个事情，我的理念大概是这样。我到现在也没有动它，只有加仓，也许到20年的时候我又是持有期最长的一个，到时再开会说不定你们还会邀请我。"

我们回答他："是的，一定会。"

不过，作为十年之约的特别持有人客户，他也对我们的工作提出了一点小建议："你们的年报、季报，我早些年看过一两次，觉得很累。能不能给普通人出一份一两页纸就能够看完的，也写得比较浅显的报告，讲讲我手上买的这些基金收益如何，这一年跟同类比是处于什么地位，分析一下是不是有调仓建议，这样就更好了。"

吉木：深知责任重大，力争成为您养老之路上最忠实的伙伴

吉木的身份更为特殊，他是我们十年之约的参与者，也是兴证全球基金养老投资团队的成员，更是自己产品的忠实持有人。对于养老规划和养老投资事业，他也有更深的体验和体会。我们翻出了3年前首只养老目标基金成立时，他亲笔写下的信，与你分享。

这是兴证全球基金的第一只养老目标FOF产品，为了

这一天，我们的养老金和FOF投研团队已经期待了上千个日夜，感谢您的托付与信任，我们定会不遗余力、勤勉尽责，力争为您提供一流的养老投资管理服务。

产品募集告一段落，但我们每个人的养老投资规划其实才刚刚踏上起点。与一般的投资理财不同，养老目标投资是贯穿人一生的长久规划——我们正在迎来史无前例的长寿时代，在不久的未来，长命百岁可能会成为一个普遍的现象。长寿不仅是个礼物，也给我们的职业、财务规划带来了全新的挑战。体面而优雅地老去，需要为漫长的人生未雨绸缪，其中就包括从年轻时便启动养老金的储蓄和管理，建立抗风险的理财能力，为晚年积累足够的金钱保障。

个人养老目标投资最重要的是什么？我们认为是时间复利下的长期稳健增值，而非择时和短期收益。养老目标FOF是普通投资者启动养老投资的最佳方式，其短期业绩往往不温不火，但正所谓静水流深，积跬步以至千里，只要具备时间的丰厚土壤，我们就能在日积月累中将养老账户的"雪球"越滚越大。

我的信心更来源于公司平台和我们的团队。对于"一辈子投资"这件事，基金管理人的长期投资能力显得尤为重要。我们一直以中长期投资业绩作为投研团队最重要的考核指标，从而保持了优势突出的主动管理能力和业内领先的中长期业绩，相信"长跑型选手"能更好地为您的养老金保驾护航。

我与家人在此次发行中也认购了自己的产品，并计划以此为起点，在今后的人生中持续定投，与大家共同分享时间的复利。我也建议投资者和我一样坚持有规划、有纪律地定投，把养老目标投资作为一个习惯，长期坚持下去。未来，我们希望与您并肩而行，一同见证时间的力量。

再次感谢您把养老金托付给我们，我和我的团队深知责任的重大，更当尽全力以专业素养维护您的利益，力争成为您养老之路上最忠实的伙伴。

这里的句号，是行动的开始

当我们提到健康向老时，关心的有身体健康、心理健康、人际关系健康等各个维度的筹备，当然也包括财务健康。养老投资是一门需要在实践中学习和掌握的技能，也是我们做好养老规划必修的一课。

更为重要的是，为了明天的自己，要未雨绸缪，从更长的时间维度来规划自己当下的选择。关系到你我每一个人的养老问题，想要从思想上和行动上都做出改变，不仅在于社会、在于政策自上而下的变革，更在于依靠你我自己的力量和信念，真正去迈出养老投资的第一步。

作为 37 万持有人和未来更大投资群体的养老投资受托人，兴证全球基金的每一员深知肩负的"责任"二字之真实与沉重。我们期待能为中国家庭的养老财务储备贡献自己的专业力量。期待,也见证,好的投资,时间看得见。

最后,再次真心感谢书中五位伙伴毫无保留的分享,也祝愿他们,以及在翻阅此书的每一位:

百岁人生,长寿有福。